李秀成传

高占祥 主编

李莎 著

北京时代华文书局

图书在版编目（CIP）数据

李秀成传 / 李莎著 . -- 北京：北京时代华文书局，2015.8（2022.3 重印）
（中国人格读库 / 高占祥主编）
ISBN 978-7-5699-0489-5

Ⅰ . ①李… Ⅱ . ①李… Ⅲ . ①李秀成（1823 ～ 1864）—传记 Ⅳ . ① K825.2

中国版本图书馆 CIP 数据核字（2015）第 203141 号

李 秀 成 传

Li Xiucheng Zhuan

主　　编 | 高占祥
著　　者 | 李　莎

出 版 人 | 陈　涛
责任编辑 | 邢　楠
装帧设计 | 程　慧　段文辉
责任印制 | 訾　敬

出版发行 | 北京时代华文书局 http://www.bjsdsj.com.cn
　　　　　北京市东城区安定门外大街 138 号皇城国际大厦 A 座 8 楼
　　　　　邮编：100011　电话：010 - 64267955　64267677
印　　刷 | 三河市嵩川印刷有限公司　0316 - 3650395
　　　　　（如发现印装质量问题，请与印刷厂联系调换）
开　　本 | 787mm×1092mm　1/16　　印　张 | 9.5　　字　数 | 90 千字
版　　次 | 2016 年 1 月第 1 版　　　　　印　次 | 2022 年 3 月第 3 次印刷
书　　号 | ISBN 978-7-5699-0489-5
定　　价 | 38.00 元

《中国人格读库》编委会

社会主义核心价值观与中国人格

周殿富

社会主义制度在中国已经建立了六十余年，而我们党则在本世纪初叶提出了培育弘扬社会主义核心价值观的重大课题，显然是其来有自。

社会主义的道德风尚在新中国蔚然兴起，曾经那样地风靡于二十世纪中叶。邓小平同志曾经在改革开放中讲过，当年"这种风气不仅是中国历史上从来没有过的，而且受到了世界人民的赞誉"。然而可惜的是，这个在社会主义制度建立与实践中，同步兴起的社会主义道德风尚的成长道路，却是一波四折。半个多世纪以来，它先是与共和国一道遭受了十年"文革"的浩劫；接着便是全党工作重心转移到改革开放进程中，欧风美雨"里出外进"的浸洗濡染；再接着是西方"和平演变"在东欧得手的强烈震荡与冲击；最后又是市场经济中那两只"看不见的手"在搅动着、嬗变着人们的价值取向。至少在国民中出现了价值观上的多层次化，传统美德的弱化，社会道德文明水准的退化，光荣革命传统的淡化，这也许正是中央在本世纪初提出社会主义核心价值观的原因吧。

不管怎么"变"，怎么"化"，当我们回首来时路，却不能不说，中华民族真的很强大，很值得骄傲。人类经历了几千年的文明进程，堪称世界文化之源的"五大文明古国"，其他四大古国文明都已被历史淘汰灭亡，只有中国成了唯一的延续存在。近现代即使那般的积贫积弱，被西方列强豆剖瓜分、弱肉强食，想亡我中华都不可能，就连最强大的美帝国主义，最凶残的日本军国主义都成为我们的手下败将，而且打出了一个新中国，且跨过整整一个历史阶段，直接进入了社会主义。西方敌对势力几十年不遗余力地对新中国百般围剿，"冷战""热战""和平演变"手段用尽，连如此强大的前苏联乃至整个苏东阵营都被瓦解了，而社会主义的旗帜仍旧在960万平方公里的土地上高高飘扬，而且昂首挺胸地屹立在世界的东方，中国真的是太强大了。几十年来的瞩目成就，竟然令西方发出了"中国威胁论"。你管他别有用心也好，言过其实也好，总比让别人说我们是"瓷器"，是"东亚病夫"好吧？1840~1949年的一百零九年间，中国尽受别人的欺负、"威胁"了，我们也能让那些昔日列强有点"威胁感"，又有什么不好？更何况这是他们自己说的啊！我们并没吹嘘，也没有去做。几千年来我们侵略过谁呢？"反战""非攻""兼相爱，交相利"，中国古有墨子，近有周恩来、邓小平同志。这也是中华民族固有传统美德的延续吧！

生于忧患，死于安乐，这也当是中华民族的一个传统美德吧？几十年来尽管中国如此繁荣兴旺，但从邓小平生前一直到党的"十八大"以来，无论哪一届中央领导集体，从来都没有忘记过国之忧患。忧在何处，患在何处呢？

二十世纪八十年代末，邓小平同志曾经在半年的时间内四次提到：中国改革开放十年最大的失误在教育，在"对青年的政治思想教育抓得不够""对人民的教育不够"，足见他的痛心疾首。他晚年时又提到了"国格"与"人格"的问题，讲道："谈到人格，但不要忘记还有一个国格。特别是像我们这样第三世界的发展中国家，没有民族自尊心，不珍惜自己民族的独立，国家是立不起来的。"

（精装版《邓小平文选》第3卷331页。）

人们很少注意到邓小平的这一段话，但邓小平恰恰是在这里把"国格""人格"提升到了事关"立国"的高度。

那么，什么是我们社会主义的"国格"呢？邓小平讲得很明白："民族自尊心""民族的独立"。

新中国一路走来，我们最大的尊严便是完全靠"自力"，靠"艰苦奋斗"，而达"更生"之境。对西方敌对势力的"冷战""热战""和平演变"，我们何曾有过屈服？也正是在这一前提下，我们才有真正的"民族独立"。这就是我们的国格。那么什么是我们中国人的人格呢？邓小平同志在这里没有讲，但他在1978年4月22日召开的全国教育工作会议上的讲话中，在讲到我们的教育培养目标时，至少提到与社会主义人格相关的各个方面：革命的理想，共产主义的品德，勤奋学习，严守纪律，艰苦奋斗，努力上进，爱祖国，爱人民，爱劳动，爱科学，爱护公共财产，助人为乐，英勇对敌，集体主义精神，专心致志地为人民工作，等等。这里的哪一条不属于社会主义人格的范畴呢？

2006年党的十六届三中全会，第一次提出了"建设社会主义核心价值体系"的历史性命题和战略任务。2007

年，胡锦涛同志在"6·25"讲话中又具体提出这个"体系"包括四个方面的内容：①马克思主义的指导思想；②中国特色社会主义共同理想；③以爱国主义为核心的民族精神和以改革创新为核心的时代精神；④社会主义荣辱观。这四个方面，一是信仰，二是理想，三是精神，四是道德文明，哪一个不在社会主义人格的范畴之内呢？党的十七届六中全会又提到了社会主义核心价值体系是"兴国之魂"。

2012年11月，在党的"十八大"上又用"三个倡导"把社会主义核心价值观概括为十二项：①倡导富强、民主、文明、和谐；②倡导自由、平等、公正、法制；③倡导爱国、敬业、诚信、友善。而且中办文件又把这"三个倡导"分为三个层面：第一个"倡导"的四项，是国家层面的价值目标；第二个"倡导"的四项，是社会层面的价值取向；第三个"倡导"的四项，是公民个人层面的价值准则。实际上前两个"倡导"的八项都是属于"国格"范畴，而第三个"倡导"是属于"人格"范畴。

那么，我们怎样才能在前面讲到的那些历史嬗变中培育建构起这个"核心价值观"呢？中共中央政治局的第十三次集体学习，似乎很明确地回答了这个问题。

新华社北京2014年2月25日电讯称：中央政治局在2月24日，以弘扬社会主义核心价值观，弘扬中华传统美德为内容，进行了集体学习，习近平总书记在主持学习时强调：

　　培育和弘扬社会主义核心价值观必须立足中华优秀传统文化。牢固的核心价值观，都有其固有的根本。抛弃传统、丢掉根本，就等于割断了自己的精神命脉。博大精深的中国优秀传统文化是我们在世界文化激荡中落稳脚跟的根基。中华文化源远流长，积淀着中华民族最深层的精神追求，代表着中华民族独特的精神标识，为中华民族生生不息、发展壮大提供了丰厚滋养。中华传统美德是中华文化精髓，蕴含着丰富的思想道德资源。不忘本来才能开辟未来，善于继承才能更好创新。对历史文化特别是先人传承下来的价值理念和道德规范，要坚持古为今用、推陈出新，有鉴别地加以对待，有扬弃地予以继承，努力用中华民族创造的一切精神财富来以文化人，以文育人。

　　习近平总书记的这段论述相当精辟，对于如何培育建构社会主义核心价值观问题从四个方面剀切明白。

第一，他明确指出要在中华优秀传统文化的基础上，来构造我们的社会主义核心价值观，而不能割断历史。这一条十分重要，否则我们便会失去我们的本来面目，便会成为无源之水，也就无法走向未来。

第二，指出了中华传统美德是中华文化精髓，蕴含着丰富的思想道德资源。这就为我们揭示了社会主义核心价值观，要以弘扬优秀的中华传统美德为基础。

第三，他指出，对传统文化在扬弃中继承，在继承中创新。这就是说，社会主义核心价值观的内涵，既要有优良传统的文化精神，也要有时代精神，是二者的有机结合。

第四，他指出要用中华民族创造的一切精神财富，来化人育人。这就是说，弘扬中华民族文化，并不只是传承儒学那些道统，而是要弘扬全民族共创的优秀传统文化。同时也就是说，培育、弘扬社会主义核心价值观的根本目的是化民、育人。

尤其值得瞩目的是，习近平总书记在这次讲话中提到了一个"中华民族独特的精神标识"问题，而在同年的全国组织部长会议上又提出我们再也不能以GDP论英雄的思想。让人欣慰的是，思想道德文化建设终于被提升到一个民族的标识地位，这至少表明中国人的思想观念，并不落伍于世界潮流。

并不受人欢迎的亨廷顿生前给他的祖国提出的警示忠告，竟是如何弘扬他们没有多少历史和文化的"传统文化"："盎格鲁新教精神——美国梦"，以此为国家的"文化核心"问题。他讲道："在一个世界各国人民都以文化来界定自己的时代，一个没有文化核心而仅仅以政治信条来界定自己的社会，哪有立足之地？"所以，他提醒他无限忠于的祖国，一定要巩固发扬他们自入居北美以来，在新教精神基础上形成的"美国梦"理念的"文化核心"地位，这样才能消解这个国家的民族与文化双重多元化的危机。为此，他甚至预言美国弄不好会在本世纪中叶发生分裂。而且他公开预言不列颠大英帝国也会因民族与文化多元化的问题，导致在本世纪上半期发生分裂。

西方的一些专家学者们也十分强调国家民族文化的地位问题，柏克说："全世界的人根据文化上的界限来区分自己。"丹尼尔同样说："保守地说，真理的中心在于，对一个社会的成功起决定作用的是文化，而不是政治。开明地说，真理的中心在于，政治可以改变文化，使文化免于沉沦。"这些语言也可能有它们的局限性与某种非唯物性，但至少可以让我们看到那些发达的资本主义国家在想什么，至少与马克思主义经典作家们，关于意识形态并不总是消极被动地接受它的经济基础的论断并不相悖。

中国显然具有世界上最悠久的民族文化，同时显然也拥有世界上最强大的政治优势。新中国包括它直接进入社会主义的经济形态，以及其后的一次次经济变革，哪一次不是靠政治力量在强力推动呢？它当然同样拥有让我们几千年的民族文化"免于沉沦"的能力。有学人认为我们的民族文化早就被以往一次次的历史性灾难割裂了，这个看法显然都是毫无道理的。但我们当下却确实面临着"两个传统"失传失统的危险。中国的传统文化与优秀的民族美德，在当代国民中还有多少传承？老一代中国共产党人用生命与鲜血铸就的光荣革命传统，在党内还有多少"光大"？我们现在全民族的"核心文化"到底在何处？"社会主义核心价值观"的提出不仅符合世界潮流，也是使我们优秀的民族文化得以传承而不发生历史断裂的根本保证。富和强永远都不是一个民族的标志，哪个国家不可以富，不可以强？但能代表中国"这一个"本来面目，具有自己民族特色的，唯有中华民族的文化，能代表中国人形象的只有中国独具的道德人格。什么是人格？人格就是原始戏剧中不同角色的本来面目。

综上所述，我们是不是可以这样认为，社会主义核心价值观应内含如下的成分：中华民族传统文化中的优秀传统美德；中国人民近现代反帝反侵略反封建的爱国主义、斗争精神与中国共产党领导下形成的几十年光荣革命传统；中国化了的马克思主义有中国特色社会主义的共同理想；与"中国梦"远大目标相适应的时代精神。由这些内涵构成的社会主义核心价值观，用它来干什么呢？用习近平总书记的话来说就是"化人""育人"，把它再具体化一下，无非是打造能体现中华民族特色，代表中国形象的国格、人格。在思想道德层面上，一个国家的民族精神也只有在人的身上才能体现，所以我们依据社会主义核心价值观的基本要求，针对当代青少年的实际情况，策划了《中国人格读库》这样一套大型系列选题。

本套书承蒙全国少工委、中华文化促进会、团中央中国青年网三家共同主办推广，并积极提供书稿。难得高占祥老前辈热情出任该套书的编委主任，且高占祥同志不辞屈就加盟主创作者队伍。一些大学、中学教师与青年作者也积极加盟此套书的编写。该选题被国家新闻广电出版总局列为2014年全国社会主义核心价值观重点选题，在此一并鸣谢。

希望本套书的出版能为社会主义核心价值观的培育与弘扬，为促进青少年的道德人格养成起到积极的作用。欢迎广大读者与作家对不足之处批评教正，多提宝贵建议与指导意见。

谨以此代出版前言并序。

二〇一四年十月

于北京时代华文书局

引言

聪慧明敏，富于谋略，胆气绝伦。

李秀成既智勇绝人，且有大度，仁爱驭下，能得士心……
使李鸿章、曾国荃费尽心力，以非常之巨价，仅购得战胜之荣
誉者，惟李秀成之故。

——梁启超

洪秀全以匹夫之力起兵，创建了太平天国，全盛时期几乎
占据了中国的半壁江山，这样兴盛的局面延续了十余年之久。
而太平天国也被后人认为是一次伟大的民族革命，虽然太平天
国以失败告终，但它唤起了人们的民族意识。日后孙中山先生
共和建国的理想，实际上也是起源于此。被封为忠王的李秀成
正是太平天国后期顶梁柱式的人物，也是一名不可多得的将才。
太平天国创建之初，洪秀全麾下的杰出人物当推东王杨秀清、

李秀成画像

南王冯云山、西王萧朝贵、北王韦昌辉，以及翼王石达开，这五人也并成为"五王"。然而此后冯云山、萧朝贵在湖南战死，杨秀清和韦昌辉在金陵发生了内讧，石达开虽洁身自好，独树一帜，但却引起了洪秀全的猜忌。至此，"五王"已有名无实。在这种情况下，忠王李秀成脱颖而出，力挽狂澜。

李秀成（1823—1864）出生于广西一个贫困乡村。由于自家没有土地，全家人只能给地主家当牛作马，即便这样，仍然不能温饱。万般无奈之下，李秀成全家投靠了"拜上帝会"，李秀成也加入义军军队，成为一名圣兵。他在军队中勤学苦练，加之为人耿直忠诚，很快便崭露头角，成为义军首领，并多次大败清军，给帝国主义侵略军以致命打击，立下了赫赫战功。

李秀成发迹于地位最为低微的底层军队，他机智明敏，刻苦勤劳，长于用兵，胆气绝伦，他的"围杭救京""进北攻南"等计策，极大地展现了他的文韬武略，也为后期风雨飘摇的太平天国注入了一剂强心针。那时，丧权辱国的清政府与外国侵略军开始联合镇压围剿太平天国，然而清军在与李秀成军队的交战中节节败退，就连不可一世的"洋枪队"也频遭重创。与李秀成缠斗多年的清军首领曾国藩曾用"心已用烂，胆已惊碎"形容与李秀成军队交战的感受，足见李秀成军队的骁勇强悍。他的军队南征北战，使敌军费尽心力，疲于奔命。此时的李秀成，也成了太平天国唯一的顶梁柱。在李秀成军队的英勇抵抗之下，敌军用尽了一切可能的资源和手段，足足用了六七年时间，才攻下早已失势、内外交困的太平天国。

李秀成非但有超越常人的智慧和胆识，而且为人大度，对下属仁爱，非常得人心，因此将士们也愿意跟随他一次次出生入死。洪秀全死后，金陵沦陷，李秀成将自己的爱马让给了幼主，自己骑着一匹慢马被俘，如此爱国忠君，即便古代的名将名臣，又有几人能做到？被俘后的李秀成更是谈笑自若，慷慨赴死。死前还曾要求曾国藩不再追杀太平军余部，以保存太平军的实力。李秀成至死效忠太平天国，忠心耿耿，延国祚于一时，挽大局于垂危，心系百姓，抵御外侮，实乃真豪杰也。

目录

第一章　坎坷童年

家贫无资，弃学务农

广西梧州府藤县宁风乡五十七都长恭里新旺村是个普通的小山村，骁勇善战的一代名将李秀成正是诞生于此。藤县是位于浔江下游的一个小县城，它下连苍翠群山，上接平南平原。浔江两岸山峦起伏，平地很少。这样独特的地理环境使藤县居于战略险要位置，易守难攻。藤县的位置，可谓整个广西的咽喉要塞，如若藤县在战事中失守，那么其他地方也难幸免。这个地方民风淳朴敦厚，生活刻苦勤俭。李秀成日后能够奉命于危难之际，冒险犯难，宽以待人，使日渐衰微的太平天国还得以延续六七年之久，与他自幼受到的生活环境的熏陶有密不可分的关系。而宁风乡地处藤县西北，是连通永安的必经之路，也就是说，如果太平军想要夺取永安，那么就必须先拿下藤县，而宁风乡则在太平军行军的必经之路上。这也就为李秀成日后加入太平军提供了客观条件。

李秀成原名李以文，出生在一个贫困雇农家庭。他的父亲叫李世高，母亲陆氏生下了他和弟弟李明成。李秀成的家境并不富庶，甚至可以说距离温饱都相去甚远。因为没有自己的田地，也没有能力租下地主的田地。一家人只能靠给地主做工维生，给地主家垦荒种地是这个家庭的唯一经济来源。虽然连年给地主家当牛作马，但全家人还是饥寒交迫，食不果腹。李秀成就是在这样穷苦的家庭中成长起来的。幼年的困苦经历也使他对剥削穷苦百姓的地主老财恨之入骨，进而加入农民政权太平天国。

出身贫困雇农家庭的孩子显然不可能像地主、富农家的孩子那样有接受教育的机会。但好在李秀成的舅父是村塾中的老师。舅父在他八岁那年，把他带到村塾中读书。在村塾读书的李秀成无法再帮家人扛起生活的重担，而家中的情况也因失去了一个劳动力而每况愈下，生活愈加艰难。在李秀成十岁那年，其父母不堪重负，把他从村塾中叫回，让他辍学帮工，以补贴家用。自此，只读了两年书的李秀成的人生轨迹似乎开始与父辈们重合，或许他也只能一辈子在地主的压榨之下艰难地讨生活。

然而，就在李秀成入读村塾的这两年间，在他目不能及的广东地区发生了一件大事，而这件事也是太平天国得以建立的直接动因之一。1832年，中国基督教徒梁发出版了一本基督教传教书籍《劝世良言》。梁发是英国传教士马礼逊在中国传教时的助手，也是第二个正式受洗的中国基督徒。梁发辅助马礼逊的日常工作主要是翻译《圣经》以及编著一些布道小册和神学书籍。梁发对传教士的工作非常热忱，尤其致力于采用文字来传教。他一共尝试编纂了五种布道的书籍，《劝世良言》正是其中一种。之所以说这本小册子对太平天国运动起到了重要的推动作用，是因为太平天国创建者洪秀全在参加科举四试不中积郁成疾之时，无意中读到了这本《劝世良言》，发现其中所描述的情况与他当时的所感所闻完全吻合。于是，他在一处孔庙自行受洗，之后又巡回多地宣传基督教义，甚至开馆授课，直到揭竿而起，发动金田起义。

村塾帮工，磨炼性情

离开村塾的李秀成只能回家帮工讨生活，舅父又一次成为改变李秀成一生的人。舅父觉得李秀成读书认真，悟性也好，不忍心他自此荒废学业，于是就想办法把他保荐到各个村塾去帮工，这样李秀成也能得些工钱回来补贴父母。同样是帮工，比起在地主家种地，在村塾起码还能在做工之余自学，虽工钱比在地主家帮工差些，但也总能贴补些家用。就这样，李秀成开始了他在村塾帮工的生活。

在村塾帮工除了能在闲暇时间自己看些历史典故外，其实并不比在地主家帮工轻松。有条件在村塾读书的学童都是地主、富农家的儿子。这些孩子倚仗自家有钱，对贫农出身的李秀成随意欺侮，指使他为自己当牛做马。李秀成自然并不愿意对这些与他同龄的孩子卑躬屈膝。但他要想继续在村塾帮工，就必须伺候这些地主家的孩子，对他们唯命是从。同样是儿童，地主富农家的就是人上人，贫困雇农家的就是人下人。现实的社会和生活给李秀成划下了一道鲜明的阶级鸿沟，在村塾帮工受人欺侮的生活也将阶级仇恨深深地刻在了李秀成幼小的心中，这种阶级仇恨在日后推动着他加入义军，并为维护农民政权奋斗终生。受辱的李秀成为保住这份帮工的工作，不能直接与地主富农的儿子对抗，他只能忍辱负重，甚至还要努力让这些纨绔子弟们欢喜，这对于一个仅仅十几岁的孩子来说，是多么不易。

在村塾帮工的生活虽然有着难以言喻的辛酸，但也正是这段时间的生活使李秀成的性情受到了极大的磨炼。受到其他孩子欺负而不能言明的痛苦使他逐渐变得能够忍辱负重，喜怒皆不形于色。在后人对于李秀成的评价中，"外柔内刚"是他非常突出明显的一个性格特征。何谓"外柔内刚"？"柔"是说李秀成委婉从顺，是指他表面待人如此，这实际上也是他达到目的的手段。而"刚"才是李秀成性格的本质，他坚强果决，百炼成钢。也就是说，李秀成既有钢铁般的坚强，又有绕指柔般的韧性，这样表里结合起来就形成了他"外柔内刚"的性格。李秀成"外柔内刚"的性格也表现在他对下属非常体恤怜悯，而对敌人态度强硬，战场杀敌毫不手软。古诗说："绕指柔，纯金坚"，正是对这种性格的诠释。而这种性格，正是李秀成小时候在村塾帮工时逐渐磨炼形成的。可见这样凄苦的帮工生活也给李秀成带来了受用一生的巨大财富。性格很可能决定着人一生的走向，李秀成这样忍辱负重，外柔内刚的性格，也正是他之后得以屡建战功的基石。

熟读"三国"，初识韬略

李秀成虽然很难在村塾中受到系统的教育，但他仍然凭借自学获得了利用文字表情达意的本领，这也使得他能够在之后写得一手通达文章。在李秀成幼年的道光年间，"四书五经"是书塾讲学的主要教材，但学童们能够读到的书实际上不止于此。李秀成帮工的书塾经常会有外省人过来卖书。这些外省人都背着沉重的书箱，所卖的书种类丰富多彩，有科举考试试题集，各种各样的应用读物以及一些古典小说。其中就数这些古典小说最受学童们的喜欢，不少有钱的孩子都会掏钱买些。李秀成可以等他们看过不要后再拿来阅读，他也因此读到了不少"四书五经"之外的书籍。

在李秀成读过的所有书中，对他日后影响最大的当属两本演义小说：《三国演义》和《东周列国志》。李秀成把这两本书熟读了多遍，甚至到了可以灵活运用书中文辞的程度，在他后期被曾国藩俘虏后写的自述中，就使用了《东周列国志》中出现的词汇，比如"铁桶""不忿"等。而《东周列国志》给李秀成最大的指导在于其中"宜刚宜柔，相机而动"的思想。相机而动是指观察时机，在看到适当机会时立即行动。此后他的战术思想，也很好地贯彻了这一点。李秀成还经常引用《三国演义》中的人物来教人论事，说明这部小说对他的影响非常大。《三国演义》教导他：处于劣势的军队也可以因为深谋远虑而获得胜利，兵强马壮的部队也可能因为缺少恰当的谋略而自取灭亡。还教导他"兵者，诡道也"，就是说用兵之道在于千变万化，出奇制胜。《三国演义》还告诉他"柔能克刚，英雄莫敌"。《三国演义》中诸葛亮足智多谋、知己知彼、百战百胜的形象，无疑对他有最深重的影响。书中的诸葛亮教会了李秀成"兵不厌诈"，"可刚可柔，别有斟酌"的对敌战略战术。李秀成日后用兵，多以智取胜，这些宝贵的经验教训正是从《三国演义》中习得的。《三国演义》也为他的性格埋下了外柔内刚的种子。俗话说性格决定成败，也正是这样的性格，为李秀成日后的建功立业打下了坚实的基础。

李秀成在村塾帮工了几年，也偷师了几年，逐渐成长为家中的顶梁柱。在村塾帮工的第一年中，李秀成的父亲由于积劳成疾又无力医治，不幸去世了。而李秀成在村塾帮工所能得到的收入实在太微薄了，对这样一个贫困的家庭而言只能是杯水车薪。缺少了李秀成这一劳动力，家中生活着实难以为继，不得已，李秀成只好再次离开村塾回到地主家帮工。春天来了，李秀成要帮地主家上山开荒种地，到了秋冬，又不得不上山砍树，烧炭。这样困苦的境遇使李秀成度日如年，看不到任何未来的希望，李秀成和他的家人受尽了"孤寒无食"的折磨。但即便这样，他也并没有向苦难低头，而是挺起胸脯，勇敢地与艰辛的生活搏斗。他就这样在无边的黑暗中挣扎，直到二十六七岁，才看到了人生的第一缕光明。

第二章 崭露头角

揭竿斩木，弃农从军

道光二十八年（1848 年），冯云山在桂平紫荆山一带组织的"拜上帝会"已经将熊熊烈火烧到了李秀成的家乡藤县。拜上帝会是太平天国的创建者洪秀全和冯云山在吸取了基督教教义后创办的一个特殊的基督教组织。此时的拜上帝会实际上就是日后太平天国的前身。洪秀全建立拜上帝会后自称耶稣的次子，他将耶稣称为天兄，并以此四处招徕信徒，进行传教。拜上帝会虽然得益于基督教，但它与正规的基督教会大相径庭。洪秀全日后正是借助拜上帝会的力量，发动了反清武装起义，建立了太平天国。

彼时刚刚传入藤县的拜上帝会在当地引起了不小的震动，一些贫雇农们传言有位先生教人敬拜上帝，但凡是敬拜上帝的，都无灾无难，而倘若不拜上帝的话，就会有蛇鼠伤人。无灾无

拜上帝会的礼拜堂

难可以说就是这些贫雇农们的最高生活目标了，而拜上帝会能够满足他们填饱肚子的最根本需要，于是不少人拖家带口加入了拜上帝会。走投无路的李秀成也是其中之一。除了拜上帝会能够解决基本的温饱问题之外，它所传达的自由平等的观念也深深吸引着李秀成。由于自小生活贫困，李秀成一直在地主家帮工，深受地主的剥削压迫，因此，他对拜上帝会中"普天之下皆为上帝赤子"的平等理念心生向往，于是很容易地接纳了拜上帝会的全部理念，成为拜上帝教的虔诚信徒。李秀成曾在就义前留下的自述中提及拜上帝会："洪秀全'劝世人敬拜上帝，劝人修善，若云世人肯拜上帝者，无灾无难，不拜上帝者，蛇虎伤人'。"李秀成加入拜上帝会的愿望主要在于欣赏教会平等的思想和劝人为善的做法。加入拜上帝会后，李秀成在行为上更加严于律己，哪怕一丁点最微小的错误都不敢犯，对教会非常虔诚，总是害怕"蛇虎伤人"。

加入拜上帝会后，李秀成一家的生活状况确实有了一定的改变，当家里缺衣少食、饥寒交迫时，拜上帝会的人就会前来雪中送炭，为他们送来一些生活必需品，帮他们渡过难关。感恩于拜上帝会的帮助，李秀成对教会非常虔诚，从不做任何有悖于教义的事。1850年，广西天地会起义进入了高潮，清政府的统治陷入了空前的混乱。洪秀全、冯云山、杨秀清、萧朝贵决定趁此良机发动反抗清政府的武装起义。于是各地的拜上帝会组织在他们的号召下都发起了武装反抗当地土豪劣绅和团练的斗争，平民们的革命热情空前高涨，拜上帝会的各个领袖也借机着手组织旗下的教众，准备进行武装起义。至此，拜上帝会初步建立起了系统的军事管理制度。

李秀成加入拜上帝会后一年，金田起义爆发。1851 年 1 月 11 日，拜上帝会各路人马在金田乡进行了集会，以庆祝洪秀全生日的名义，进行秘密活动。两万多名头裹红巾的男女农民、手工业工人，聚集在广西省桂平县金田村，在欢呼声中庄严宣布举行起义，起义军建国号为太平天国，公开宣告同满清王朝处于武装对立的地位。金田起义后，太平军突破清军围困，分水陆两路向永安州进发，陆路人马由萧朝贵、韦昌辉带领，水路人马由杨秀清、冯云山带领，军队经过大黎，并在那里驻扎了几天，沿途收集军饷，招徕拜上帝会的人马以应对日后的战事。那时候，恰巧萧朝贵带兵在李秀成家乡附近驻扎，并下令凡是参加太平军的人今后全家人都将吃穿无忧，并且再不会颠沛流离，居无定所。彼时刚刚加入拜上帝会初步解决了温饱问题的李秀成也着实没有更多牵挂了，于是他未曾多想，就带领母亲和堂兄弟一起加入了太平军。太平军对于前来投靠的人还有一项特殊的规定，就是必须将自家的房屋烧毁才能加入。制定这一规定是为了令将士们断绝后路，日后能够全身心地投入到与清政府的战事中。李秀成家一穷二白，只有破败的茅草屋，烧掉也不足惜，于是，李秀成全家就与村里其他决定加入太平军的人一起，烧掉了自家的房子，加入了义军的队伍。自此，李秀成放下了锄头，拿起了刀枪，成为一名太平军队中的圣兵。

勇往担当，初为将领

1853年3月，太平军攻克了南京，并将南京改名为天京，太平天国定都于此。自1851年太平天国建立以来，清军就在与太平军的斗争中节节败退。太平军先后攻克了永安、昭平、全州、郴州、岳州、武昌、池水、池州、九江、安庆、南京等大小城市。就在太平军攻打长沙之时，洪秀全在南门制造了金玺，自称万岁，还制定另外的朝规和各级官制，加上原先在永安时册封的翼王、东王、西王、南王、北王等，太平天国的朝政制度得以进一步健全。

自太平军从广西出发，李秀成就跟随着这支队伍南征北战，直至到达南京建立起太平天国的稳定政权。李秀成一路上英勇作战，为太平军攻城略地立下了汗马功劳，初步显示出了他的军事才能。在跟随太平军辗转各地的过程中，李秀成也感受到了太平军纪律的严明。太平军的严明军纪从一则安居文告中就可以看出："凡安民家，安民之地，何官何兵，无令赶入民家者，斩不赦，左脚踏入民家门即斩左脚，右脚踏入民家门即斩右脚。"就是说太平军将士在没有上级命令的情况下严禁进入老百姓的住宅，如果随意进入，则杀无赦，如若进入百姓家一步，如果是左脚进入的则砍掉左脚，如果是右脚进入的则砍掉右脚。太平军军纪还规定，将士们无论购买任何东西都必须照价付钱，决不能随意取用当地百姓的东西。老百姓也因此非常愿意卖东

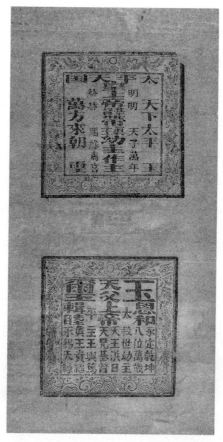

太平天国玉玺印

西给太平军，因为他们出的价钱远高于清军。这也间接说明了太平军深得民心，这也是他们日后能够进一步威胁清政府统治，进而抗击外侮的主要原因之一。

太平军攻克南京，一直在基层队伍中兢兢业业的李秀成终于获得了晋升的机会。太平军的春官丞相胡以晃看中了李秀成在以往的战事中表现出的骁勇善战、一往无前，就让李秀成做他的助手，协助他处理一些军务。由于太平军前期取得了一系列辉煌战功以及有效的安民政策，前来投奔太平军的贫民越来越多，使得太平军的队伍逐渐庞大，在这种情况下，太平军原有的将领对这些新加入的战士应接不暇，只能新选派一些下层军官协助操练这些新兵。于是东王杨秀清下令，要求推举出一些下层兵士承担起带领新兵的职责。由于李秀成在先前的战事和操练中表现突出，他认真踏实的表现给杨秀清留下了很好的印象，于是杨秀清就亲自保举他为右后四军的统帅，负责驻守天京太平门外的新营，李秀成所驻守的新营就在太平门外不远处，三座营房成拱形守卫着太平门。清军江南大营的主帅向荣想偷袭太平门，于是趁月黑风高夜深人静之时，派出了3000名兵士冲击太平门。1853年7月6日深夜，清军妄图以声东击西之法攻下太平门。他们先是假装攻击太平门和龙脖子，以诱引太平军大部队上钩予以还击，再派出3000名精锐力量直捣太平门。而当清军靠近太平门城墙下时，被轮岗的守门哨兵及时发现。驻扎在太平门附近的太平军迅速集结，马上予以还击。作为后四军统帅的李秀成审时度势，发现清军派出的偷袭力量并不算强大。于是他果断指挥兵士开始反击，他一方面率领兵士从太平门正面迎击敌人，另一方面又派出一支精锐小分队奇袭清军，走小路包抄清军左翼。对清军呈现出两面夹击之势。本就存了轻敌之心的向荣万万没想到驻扎在太平门的李秀成军队如此顽强，清军在与李秀成军队的对抗中一直没能占到任何便宜。向荣又不愿当即撤军，于是咬牙再战。双方鏖战至第二天正午，向荣见己方已是伤亡惨重，再战也不可能取胜，于是无心恋战，铩羽而归。经此一役，清军折损将士百余人。李秀成带领驻守太平门的太平军将士抗击清军偷袭一事很快便成为整个太平军中的美谈。东王杨秀清亦知晓了此事，他对李秀成大加赞赏。同年八月，李秀成升任后四监军，驻守仪凤门外的高桥。同年十月，翼王石达开前往安庆抚慰当地民众，于是派李秀成承担起巡查平民事务的工作，除此之外，还命令李秀成继续带兵。李秀成非常注意安抚当地民众的情绪，受到了当地百姓的拥护。

　　李秀成自从加入太平军，成为一名"圣兵"以来，一直在军队里勤学苦练带兵的本领，他为人耿直忠诚，无论是多么艰难困苦的工作他都勇往直前，一力担当，为太平军竭智尽忠，出色地完成了上级军官交代给他的任务，在很多关键战役中都有突出的表现。在这一阶段，随着李秀成不断获得晋升，开始有机会作为将领排兵布阵，他带兵作战的智勇和谋略开始逐渐显现出来。由于初出茅庐的李秀成总能稳妥圆满地完成上级交代的任务，因此天平军与他有过接触的首领都对他十分赏识。
1854年，胡以晃带领太平军攻克了庐州城，先前表现突出的李
秀成被调任为二十指挥，前往庐州城镇守，这也是李秀成第一
次独立带兵镇守一座城池。他在任期间积极修建防御工事，体
恤灾民，安抚民心。在他的治理下，庐州出现了多年难得一见
的太平景象。由于李秀成镇守庐州有功，不久之后，他又被擢
升为二十二检点，驻守安徽太平府、和州一带。李秀成带领的
守军就像一道屏障笼罩在天京上游，使虎视眈眈的清军不敢轻
举妄动。就这样，参军不久的李秀成已在太平军中站稳了脚跟，
以自己的勇气和军事才能，由一名普通的兵士晋升为太平军中
的一员大将。

震慑刁顽，保护行旅

　　1854年正月，胡以晃攻克了安徽庐州后，调派李秀成前往
担任二十指挥。之后又派他镇守和州、太平郡一带，升任殿右
二十二检点。就在李秀成镇守和州时，他做了一件有利于当地
百姓的大好事。在和州成东南太阳河牛路一带有一个码头，这
个码头所处的位置非常紧要，它与长江东岸的太平郡采石矶相
对，是当时长江两岸的一个交通要塞，是两岸往来商旅的必经
之路。千百年来，生活在码头一带的船户们倚仗自己背靠码头，
对码头情形熟知，就占领了码头，将码头这一要塞把持住，借
机敛财。他们并没有固定的收费标准，收多收少全凭当时的心情，

由于往来商户往往耽误不起时间也得罪不起他们，一般也就自认倒霉任他们宰割，这给过往行人造成了极大的不便和麻烦。李秀成到和州开始他的镇守工作之后，首先开始着手治理整顿的对象之一就是这些霸占码头的刁蛮船家。为了警告这些霸占码头的船家，保护过往的行旅，李秀成在当年的十二月三十日，在太阳河牛路码头上，树立了一座刻有渡船规则的碑，颁布了新的码头交通条例，以强硬的手段取缔了当地船家对码头的强行霸占，碑文内容如下：

王厚恩，正时（是）万国来朝之候，太平一统之时，窃以太阳河牛路一带码头，系往来客商之要路。设舟对渡，原以利民，有行人涣（唤）渡者毋客（容）阻滞，有急务催行者不可迟延。码头船户任情讹索，恐于行旅有亏。腰间富有自能放艇而行，手内空虚未免临江而叹。为此晓〔谕〕码头船户人等知悉：自今以后，于远近往来客商对渡，宜随到随行，无论车子肩挑，及牛骡驴马猪羊等物，悉遵已定之章，同不邢（刊）之款。倘若仍（仍）蹈前辙，贪诈存心，一经查出，定按天法究治，决不宽〔贷〕。凛之慎之，毋贻后悔。特此晓谕。计开所定规列后：

一凡牛骡／驴马每条出钱贰百文。

一凡车身人出钱贰拾文。

一凡挑担人出钱四拾文。

一凡无钱之人有紧急事情，务宜飞渡，虽系一人，亦须送去。

太平天国甲寅四年十二月三十日

告示

碑文大意是：目前天下皆正蒙受皇（洪秀全）恩，太平一统指日可待，在这种情况下，太阳河牛路一带码头是往来客商的交通要道。设置来往两岸的船只原本是为了方便民众出行，有行人通过时船家不应阻拦，有急事要渡河催促船家的也不应延迟。而现在码头船户由着自己的性情向行人随意讹诈勒索，这对于那些富有的行旅来说可以畅行无阻，而那些钱袋空空的行旅就只能望江兴叹。从今以后，制定以下规定，码头船户对于要求渡河的商旅必须随到随行，无论行旅是拉车装货还是手提肩扛，还是使用牛骡驴马猪羊等物载货，这一规章制度都给出了明确的收费标准。如果船户们重蹈旧习故意对行旅横征暴敛，一经查出，即按太平天国的法令严惩不贷，希望大家以后都能谨慎从事，不要犯错后再追悔，下面是具体的收费标准：

但凡是牛骡驴马过河，每头一律 200 文钱；

但凡是拉车要渡河的人，每人一律 20 文；

但凡是挑担过河的人，每人一律 40 文；

但凡是没有钱，但是又有紧急事务要过河的，船家也不得为难，务必飞速将他送往对岸，即使只有一人要过河，也要马上将他送去。

太平天国历史博物馆中的洪秀全雕像

这一规定对当时常见的各种渡河的情形进行了明码标价，对于稳定码头秩序，保护商旅的利益起到了至关重要的作用。特别值得一提的是条例的最后一条：就算是没有钱的行人，如果有紧急事务，也务必可以飞渡到对岸，即使只有一名旅客，也务必将他送到对岸。这一条例是李秀成为保护无产者和社会底层贫农而特别设置的条款。可见年少时因家贫遭到欺压的经历使李秀成对社会上的无产阶级充满了同情和关怀，在制定相应政策措施的时候也着力给他们以可能的保护。允许无产者免费渡河这一措施显然有悖于当时的封建伦常，体现了李秀成反对封建等级制度的决心。这件事在当地的交通志中有详细的记载。

这一刻写政策的碑高约 0.95 米，宽约 0.46 米，现已残破不全，仅剩三块，但形制和主要内容仍能看出。此碑于 1955 年冬在安徽当涂县江心洲太阳河村被寻得，现作为珍贵的历史文物藏于南京太平天国历史博物馆。

力战力敌，破南北营

太平天国定都天京后，迅速分兵袭取镇江、扬州，建立了"宁镇扬三城防御体系"，彼此间靠水军互通往来。镇江、扬州两城隔江相望，如同拱卫天京的两道大门。在这种情况下，对于天京来说，保固镇江和扬州显得至关重要。除去军事价值，镇江还是清政府的漕运咽喉，江南富庶之地北上运粮必然要途经镇江，于是镇江成为太平军与清军斗争的焦点之地之一。两军的拉锯战打了12年，其中前五年镇江归属太平军，后七年归属清军。在太平天国版图的五年之中，镇江前两年由罗大纲主事，后三年则是由吴如孝主事。李秀成虽然未曾亲自前往镇江驻守，但在他的军事生涯中，曾两度授命援救镇江，在这座城市的历史中写下了浓墨重彩的一笔。

天京的围城压力，一方面来自孝陵卫的江南大营，另一方面则来自扬州的江北大营。当时清廷的江苏巡抚吉尔杭阿与江北大营的主帅托名阿联合制定了先取镇江、瓜州，孤立天京的战略。围困镇江主要分两步：先切断太平天国的水上通道再围城攻打。因此，一时间清军水师云集江面，控制了宁镇之间的水路。

1856年1月下旬，东王杨秀清感受到了因为镇江被困而带来的对天京的巨大压力，于是决定抽调皖中及西征军的兵力，组织一支以秦日纲为元帅，陈玉成、李秀成、周胜坤等五丞相（此时，李秀成已升任驻地副丞相）为主力的机动兵团，策划如何解镇江之围。他们得出的初步结论是先设法打开江宁交通，然后再由将士们推进，逐个击破。在这个过程中，李秀成负责率领三千精锐，绕道汤头岔河，直扑清军将领张国梁后路，那时候吴如孝、陈玉成在镇江的兵马也赶到了，两支队伍相接头，兵士们欢天喜地，声势大振，大败清军将领。经此一役，就夺去了清军十六座营盘，大获全胜后，太平军班师回到镇江，在镇江城外安营扎寨，暂时休养，与清军大营对峙。就这样，他们实现了杨秀清预案的第一步：打开宁镇通道。

镇江之围虽然得到缓解，但太平军缺粮的问题却仍未得到缓解。4月2日夜，李秀成、秦日纲等人借清军将领前往雷营为雷以诚庆贺生日的机会，暗夜行军，悄然渡过长江，到达瓜州，会合陈玉成、吴如孝等太平军首领，在清军驻地土桥与清军展开激战。当时江北大营各个清军主将都前往雷营赴宴未归，军中无主，清军一时之间群龙无首，方寸大乱，很快就被太平军击溃。李秀成、陈玉成等人乘胜追击，一路上势如破竹，连破清军百十座营盘。其实在太平军偷袭之前，清军头领吉尔杭阿就曾向清军发出过预警："江南贼抢数十号小船，势必窜扰江北，仰即飞饬各营，严加堵御。"然而，为了不打扰雷以诚寿诞的雅兴，这封军书并未传阅。

4月4日，太平军又在三叉河大败清军，前后共击毁清营120座之多。太平军于是挥师扬州。扬州是1853年12月26日失陷于清军的，1956年4月5日再次易主。太平军在扬州城的内应是雷以诚的营内千总张逢春。张逢春在扬州城清营内潜伏了很久，将清营上下都打点好，在太平军攻破扬州城前张逢春等数百人率先破了龙头关，痛击扬州知府世焜，使之带枪中箭。而扬州城内的清军守兵由于前往镇江支援，导致扬州城内守卫空虚，城内仅剩的清兵也在太平军的如虹气势下闻风丧胆，仓皇逃窜。如此一来，太平军不费吹灰之力就攻破了扬州，打开了城中的粮仓，把粮食从扬州城运往镇江、瓜州。实际上，此时李秀成他们驻守扬州，目的并不是为了占领扬州，只是为防守镇江做长期的物资储备。12天后，李秀成急于回京复命，加之为了配合石达开攻克江南大营，李秀成弃守扬州。但怎奈太平军回京的消息被清军侦探所获，清将张国梁当即带兵在太平军的必经之路六合对太平军进行阻击。当太平军的先头部队受袭时，秦日纲、李秀成带领的太平军大部还未从扬州城撤退。当他们接到回京受阻的报告后，决定马上动身，由金山乘船渡江，回到高资，攻打当地的清军守军，太平军共计攻下清营七座。清军于是紧急派吉尔杭阿率兵驰援。6月1日，援兵被太平军围困。吉尔杭阿陷入叫天天不应，叫地地不灵的困境中。吉尔杭阿见几次围攻都不奏效，大势已去，于是绝望地开炮自尽。主帅的死使得清军群龙无首，一时间慌不择路，很快便溃败于太平军。太平军当即破坏了清营七八十座。当张国梁得知吉帅境遇率兵来救时，为时已晚。于是张国梁军队只好退守丹徒。于是，太平军就这样攻占了清江北大营。天京与江北重又恢复了联系，天京局势得到了缓和。

攻破江北大营的李秀成率兵即将回师天京时，东王杨秀清迫于战事需要，拟定了即刻攻破江南大营的计划，命令李秀成须得先攻破江南大营的清军，才可以进入天京城内。李秀成对杨秀清的这个要求感到非常不满，将士们打了胜仗千里迢迢回到天京，已是身心疲惫，到了城门口却不能返回，还要即刻再去攻打敌营。虽然李秀成在情感上很难接受东王的这一命令，但在东王的一再命令下，秦日纲、李秀成等人只好率兵在城外的燕子矶一带扎营。冤家路窄，李秀成率领的太平军队伍又在此地遇到了张国梁。张国梁手下兵士前来叫阵，李秀成当即应下。两军于是短兵相接，战作一团。激战几个时辰后，张国梁军败退。他在败退的路上恰巧遇到了率领清军前来支援的向荣。张向两军会和之后，再次合攻李秀成率领的太平军。而李秀成、秦日纲率领的军队骁勇善战，力战力敌，再次击败了张向联军。而此时，翼王石达开的西征军已经应东王之命，从江西抽调了两万兵力回师解围天京。石达开的部队途经安徽宁国、芜湖，抵达天京南面秣陵关，并派兵攻占了溧水，此举切断了各路清军与江南大营本部的联系。加之李秀成他们先前的胜利，张向联军只得后退扎营。

太平军的捷报很快传到了天京，东王大喜过望，对将士们论功行赏，在休整了两天后杨秀清令陈玉成、李秀成、陈仕章等将领率军乘胜追击，剿灭清军逃兵。他们于是一路追击到了丹阳城下。丹阳城由退守的张向败军占领。他们见太平军赶到城下，向荣想给太平军以出其不意的致命一击，于是决定打开城门，全军出击。此举确实给太平军制造了不小的麻烦，两队于是在丹阳城外进行了一场血战，双方在丹阳城外厮杀了大半天，各自伤亡惨重，也难分胜负。此时，李秀成发现清军队伍实际上很松散，虽然营盘很多，但并不算密集。于是李秀成决

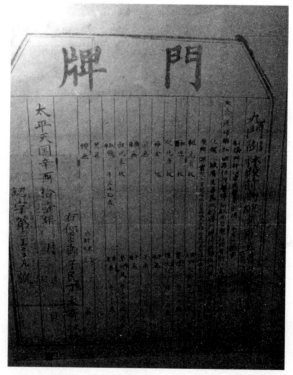

太平天国门牌

定集中兵力，对这些清军营盘各个击破。于是太平军各路兵马迅速集结，同心协力攻打江南大营。此时太平军所使用的武器装备已经非常先进，基本可与当时的国际先进水平接轨。他们用这些火枪、火箭、火炮射向清军营盘，刹那间，清营内火光冲天，清军被打得哭爹喊娘，惨叫声不绝于耳。太平军在攻破了多座清军营盘后，又打败了向荣的孝陵卫大营的守军，向荣只好率败兵退回丹阳城内，凭城固守，等待援军。然而其他地方的清军也都腹背受敌，根本无暇支援，清廷的大部队也是远水不能解近渴，向荣看到个个垂头丧气的清军和城外气势如虹的太平军，感到大势已去，但他又着实不愿面对失败的战局，于是他在向手下交代后事后，就自尽了。就这样，太平军以摧枯拉朽之势攻克了江南大营，解除了近三年来天京最大的威胁，保护了天京的安宁。与此同时，太平军在这几次战役中士气大振，作战能力得到了进一步加强。而李秀成更是在攻破江南、江北大营以及解围镇江的战役中，充分发挥出了他的军事才能，为太平军的获胜贡献出了关键的力量，而这几次战役，也在李秀成的军事生涯中写下了浓墨重彩的一笔。

桐城大捷，封合天侯

正在太平军势头一片良好，所向披靡，太平天国国势蒸蒸日上之际，太平天国发生了严重的内讧，这也是导致日后政权颠覆的主要原因之一。在太平军北伐、西征、攻破江南江北大营这些行动都大获全胜之后，很多太平军将士开始沾沾自喜，沉浸于获胜的喜悦中不能自拔。比起先前的处处为天国着想，他们开始醉心于自己手头的权力。这也就引起了他们相互之间的倾轧，造成了将领间自相残杀的局面。由于南王冯云山、西王萧朝贵战死，原本不甚出众的北王韦昌辉地位上升。韦昌辉为人非常阴险狡诈，他平时对东王杨秀清阳奉阴违，暗中却寻找时机向杨秀清下毒手，以夺取他手中的权力。杨秀清虽然有着卓绝的军事、政治才能，功勋显赫，但他为人居功自傲，很容易看不起别人，要他团结其他将领更是难上加难，这也就给韦昌辉孤立他提供了主观条件。杨秀清在他主谋成功攻破江南、江北大营后，便越发自恃清高，甚至逼天王洪秀全封他为"万岁"，这也引起了洪秀全的不满，但碍于他手握重权，天王也只得无奈地应下。为了牵制杨秀清的权力，洪秀全特意派韦昌辉回到天京。韦昌辉在天王的这一做法中嗅到了一丝不寻常的味道，他认为铲除杨秀清最好的机会已经来了。于是他深夜窜入东王府，杀害了熟睡中的杨秀清，杨秀清的亲信、部将及家小共计两万多人也惨遭杀害。

举国上下的文武大臣都震惊于韦昌辉的猖狂和肆无忌惮，他们都对韦昌辉的暴行表达了极度的愤慨，广大军民得知此事之后也非常不满。率兵回京的石达开谴责了韦昌辉的所作所为，引得韦昌辉将矛头指向了他。石达开闻讯急忙逃出天京。因为韦昌辉杀人实在太多，从而激起了民愤，天王洪秀全不得不下诏斩杀了韦昌辉，以安定人心。

天京事变后，五王近乎全军覆没，摆在洪秀全面前最大的难题就是将领的短缺。而此时，清军在张国梁、和春等将领的集结操练下又再次振兴起来，尤其是和春所带清援兵的增援，使天京南北的清军实力大增。他们趁天京政变的机会，派张国梁攻下了句容，攻下句容后的张国梁发兵再次围困了镇江，与和春率领的清军，重新建立了江南、江北大营，围困天京。局势刻不容缓之际，太平军中却没有一员将领能够承担起带兵抗击清军的重任，因此此时太平军中亟须物色一名出类拔萃的将领，成为军队的核心人物来掌握大局。

由于李秀成在先前的战事中表现可圈可点，因此他被朝臣举荐，得到了洪秀全的任用，将他封为地官副丞相，命他把守桐城，保固安庆。李秀成对于天王的信任感激不尽，决心誓死效忠天王。

天京事变后，在清军的反攻下，太平军在安徽北部只剩下安庆和桐城两个据点，桐城是安庆的后路重镇及侧翼屏障，桐城如果失陷，那么安庆也就危在旦夕了，敌军突破天京也只是时间问题了。在李秀成领兵来到桐城之前，清朝廷已经布置了安徽提督秦定三集结重兵万余，扎营百余座，准备进攻桐城，剑拔弩张，战事一触即发。但此刻太平军尚有喘息的余地，清军提督秦定三和总兵郑魁士不和，各自派手下的兵士在四里八乡进行抢劫和掠夺，两股力量暂时还未会合，这也就给了李秀成以突围的机会。李秀成决定利用桐城的有利地形，以主力队伍镇守城中，另外派兵在城外扎营三座。四股力量互相配合，坚守桐城。就在李秀成进城后不久，秦定三就向太平军发动了两拨攻击，都被太平军击退。两天后，万余名太平军将士冲击清军，后者以炮抵抗，相持一昼夜也未能分出胜负，双方遂陷入拉锯战。此时，李秀成带领的太平军将士仅有六七千人，大多是石达开出走留下的老弱残兵，真正可用的人马满打满算才三千有余。而围城的清军有万余人，清军拥有一百多座营盘，而李秀成仅有一座孤城和外设的三座营寨。李秀成依靠坚固的城墙，亲自上阵激励将士们奋勇杀敌，击退了一波又一波清军的攻击。李秀成能以如此短缺的兵力抵抗敌人几倍于自己兵力的进攻，足见其率军之功力了。

虽然多次击退了清军的攻势，但是李秀成深深地明白敌我力量的悬殊，他无心恋战，派人急速前往正在宁国解宁国之围的陈玉成，请求他率军来支援桐城。接到求援信的陈玉成不敢耽搁，迅速赶往桐城，与李秀成共商解围之良策。他俩根据桐城一面倚靠高山，一面是平地的地势特点，商定先攻打围城清军的后方，截断其粮草通道，再固守桐城，令清军粮尽而败。计策定下后，李秀成亲自挑选了精锐力量，与镇江的陈仕章的军队共同击破了位于汤头的后方的清军，进而包抄东关，攻下巢县，分军镇守。陈玉成在攻下庐江后，又带兵从后面包围桐城外围的清军，断绝其粮道，然后与桐城内的太平军里应外合，共同痛击清军。清军腹背受敌，终于大败逃跑，太平军分三路乘胜追击，连克舒城、六安等地，一路上力战力敌，沿途各县贫苦农民纷纷受到太平军感召，加入义军队伍。桐城大捷再次挫败了重又集结起来的清军的猛烈攻势，扭转了太平军在皖中的不利局面，这次战役也充分展现出了李秀成善于用兵、足智多谋的非凡军事才能。从个人成长方面来看，先前李秀成的作战都是受命于上级，执行上级分派的任务，而此次桐城解围，则是他主动积极谋求突破的一次战役，而李秀成并未跟随心灰意冷的翼王石达开出走，这展现了他令人赞叹的大局观和对赏识他的天王洪秀全的绝对忠诚。

桐城大捷后，李秀成与陈玉成的部队兵力大增。那时朝中无人主持政务，也缺少像陈、李二人这样的猛将。朝中大臣于是举荐李秀成和陈玉成带兵作战。李秀成也凭借桐城大捷的功绩被任为地官正丞相。天王洪秀全更是加封他为合天侯。洪秀全还任命李为副掌率，与正掌率陈玉成共同掌管兵符。自此，正式将李秀成选拔到了天国高级将领的岗位上，担任起统帅的职务。

第三章　忠王出世

不畏革爵，坚持进谏

李秀成在太平军中的表现得到了天王的认可，李秀成的堂弟李世贤在军中表现也很优秀。他作战勇敢刚强，立下了赫赫战功，也受到了重用。然而天京事变后，洪秀全开始变得敏感多疑，不敢再相信外姓官员。甚至对早年就追随他立下了赫赫战功的石达开也不再信任，任用了他的本家兄弟洪仁发、洪仁达以挟制石达开。石达开终于被这二人逼得忍无可忍，带兵出走，如此一来就大大削弱了太平军的实力。天京事变使得太平天国这一轰轰烈烈的农民运动由盛转衰。同时，由于洪秀全对将领们的过度猜疑，导致手下的将领无法真正施展自己的才华，甚至引得一些将领反目成仇，背叛太平天国，投靠清政府，这也为天国的失败埋下了种子。

李秀成看到太平天国上下问题重重，人心离散，天王蒙尘，感到自己作为一名兵士，如今又被委以重任，理当有责任尽可能纠正这些内部问题。于是李秀成就约请陈玉成共同前往安庆商议如何停止朝中的纠纷。商议后，他向天王上了一本奏章，就朝内的乱象向洪秀全提出了一系列解决办法，包括奏请天王择才而用，制定安民的计策，严厉地申明法令，对朝内官员严格要求，严肃纪律。他还提出将相关刑罚的条目及惩罚方法再次进行阐明，减轻百姓的赋税，召回先前心灰意冷出走的翼王石达开，罢免昏庸无能的安王洪仁发以及福王洪仁达。李秀成在给洪秀全的奏章中每一句皆是他为天国着想的肺腑之言。但他却因此触怒了洪秀全。尤其是罢黜安王、福王一条，可谓直接戳到了天王的软肋。洪秀全当年正是为了挟制石达开才任用了这二人，也正是这二人，逼走了战功赫赫的翼王石达开。正是因为这封触怒了天王洪秀全的奏章，李秀成被洪秀全革了职。即使是被革职，李秀成依然忠心不悔，他于是再次进奏了一本。这次，他向天王详细介绍了天下大势，力陈革命形势，并详细讲述了前后奏章的由来，这一切都只为了告诉天王天国内部的改革势在必行。这本奏章在天国的朝臣之间传阅。朝臣都认为李秀成所言极是，奏章中提到的问题确实亟待改善。于是朝臣们都上殿奏请洪秀全，为李秀成求情，请洪秀全认清形势，网开一面，不要贻害忠良。天王也有感于李秀成的忠心耿耿，于是将他官复原职。

再破江北，安定天京

　　江南江北大营虽然并称于世，但对于清政府而言，他们的轻重却又不尽相同。清廷一直有"重北轻南"的思想。因为北方是京畿之所在，清廷非常害怕太平军直捣他们的老巢，于是把离自己较近的防线交给了自己最为信任的满人。历任江北大营的主帅都是满贵，而江南大营则由汉人主持。但遗憾的是，满人的战斗力和谋略水平显然并不在汉人之上。就军队和元帅的水平而言，江南大营远在江北大营之上。新组建的江南大营被何桂清经营得有声有色，他们的野心也开始逐渐膨胀。他们一改向荣时期消极进攻积极防堵的战术思想，以主动出击攻坚围剿为战略。于是清军江南大营在 1857 年 6 月发动攻势，连连攻陷溧水、句容等天京外围的重要据点，进逼仪凤门下。12月清军江北大营的统帅德兴阿率军包围了瓜州，驻守在瓜州的太平军退回了镇江，镇江告急。李秀成又率军救出了吴如孝带领的守军。自此，太平军弃守镇江，这使得天京东部全部暴露了出来。1858 年年初，天京周围的江浦又被清军攻陷，清军以130 座营盘围困天京。因同安徽的联系被切断，天京形势骤然紧张起来，而解决的办法，还是要从敌军相对脆弱的江北防线入手。

　　清军围困天京时，为了保卫天京的安全，李秀成将林绍璋的部队调回天京，而其他地方的守将各司其职，无法再往天京征调。在这种情况下，李秀成纵览全局，力排众议，说服天王，从天京南门出动，日夜兼程赶往芜湖与在当地镇守的堂弟李世贤一起，分别镇守芜湖段长江南北。天京城内的事务都交给了蒙得恩、林绍璋、李春发等人。李秀成离开了天京城，留下天王与自己的母亲被困于天京。城内的百姓坐立不安。为了解决天京被围的燃眉之急，李秀成只好率领不足五千的精兵，准备攻打江浦、浦口，与天京隔江相应，使天京军民能安稳下来。在全椒，李秀成率兵每日操练，伺机从全椒出发，进攻两浦。随后，清军的江南大营加紧了对天京的围攻，江北大营统帅德兴阿率兵一万多开赴江浦，扎营几十里。6月，李秀成率部5000余人向在江浦的江北大营发起攻击。刚一开战，李秀成兵胜，再战却失利，折损了兵士千余人，被迫撤到汤泉一带安营扎寨。李秀成只带了数人骑马绕道返回全椒。一路跋山涉水，苦不堪言，还时常遭到清军伏击，这般心酸境遇让李秀成也不禁留下了英雄泪。巧合的是，李秀成兵败之时，陈玉成在湖北也吃了清军的败仗，于是两人相约一起抗击清军。

同年8月，洪秀全任命陈玉成为天平军前军主将，任命李秀成为后军主将。两人统率数万大军兵分两路南下。陈玉成军队行进的路线是从安徽潜山前往舒城，攻克庐州（今合肥），进而联合捻军直下滁州。而李秀成则率部队直接从全椒等地出发，最后在滁州一带与陈玉成会师。8月17日，李秀成、陈玉成的军队从滁州向乌衣进军，打败了德兴阿的军队，他们又乘胜追击，追杀清军败将。第二天，当他们追击清军至小店时，遇到了张国华的援军。双方狭路相逢，展开激战。李秀成等人一举击溃了张国华率领的清军，一直把张国华的败军逼到了浦口。同时，陈玉成也在浦口与德兴阿的军队相遇。于是陈玉成率军从正面迎击德兴阿，李秀成则从背后进攻德兴阿。这样的双面夹击使得德兴阿的军队腹背受敌，防不胜防。8月26日，李秀成、陈玉成的部队联合向江北大营所在地浦口发起了总攻，清军大败，被迫从侧翼撤退。李秀成、陈玉成乘胜追击，追杀清军残余部队，共斩杀清军一万多人。就这样，李秀成、陈玉成率军再次攻克了江北大营，打通了江北与天京的联系，暂时将处于水深火热中的天京从危机中解救了出来。之后李秀成越战越勇，又接连攻克了扬州等地。这一路打来，走到哪里就能顺利地攻下哪里，唯独扬州还有守军，也不战而逃了。李秀成将六合、天长数百里内连成一气，震动了江南大营。而待到张国梁率援军赶往扬州时，李秀成已经率领部众撤退了，令张国梁扑了个空。李秀成之后也表示此役并非为了占领扬州，而在于吸引和分散清军的注意力。为陈玉成攻破"铁铸六合"进行战术牵制。

李秀成在扬州城做下了一系列善举，他释放了不愿投降的扬州知府，还给他盘缠，将他送到了他要求的仙女庙。李秀成一贯优待战俘，这点得到了后世的许多好评。李秀成独自领兵作战后，不自觉地开始进行"攻心战"，主要表现为实施了一条正确的瓦解敌人的"容人"政策。李秀成作为一名农民政权的将领，能够有如此的远见卓识，说明他是一位胸怀宽广有远大战略目标的杰出军事家。他优待俘虏的做法，较之清军对待太平军将领的一概杀害，甚至凌迟处死的野蛮行径，不仅高明得多，也文明得多。其实他所表现出的"仁"与"爱"与他受到的儒家文化启蒙和基督教《圣经》的耳濡目染有分不开的关系。

三河大捷，力挫湘军

1855 年，太平军克服庐州，初至三河。为了今后的战略安排和发展考虑，太平军将三河作为拱卫庐州的据点和供应天京的粮仓。这一地点对于太平军和清军来说，都具备重要的战略意义。就在这年 5 月，太平军在三河的守城将领蓝成春，驱逐了城中所有的商户店铺，为三河城修筑城池，这项工程持续了一个月，最后修成了长约一里，宽约半里的一座城池。而清军也意识到了三河的重要性，清军将领和春在给上级的奏报中提到了三河城距离庐州仅有九十里，是南北往来的重要门户，实属郡城的第一门户，应当誓死守卫。为此，清军派出了曾国藩的湘军将领李续宾作为先锋，带领湘军的精兵强将立志夺下三河。李续宾确实是清军将领中非同一般的能人。他有勇有谋，在从军生涯中有过多次以少胜多的辉煌战绩，他的战绩在清军诸将中可谓无与伦比。他亲身经历了六百多次战争，共克复了城池四十多座，已经成为湘军中的佼佼者，他在湘军中的地位仅次于胡林翼和曾国藩。1858 年 5 月，攻下九江的李续宾更加不可一世，准备一举攻下庐州，而对于庐州的门户三河，更是势在必得。

湘军名将李续宾的部队兵强马壮，而他即将迎来的对手是太平军前军主将陈玉成和后军主将李秀成。彼时，太平军刚刚克复庐州，取得了六合大捷的胜利，再次攻破了清军的江北大营，正是气势大振之时。交战双方都对拿下三河信心百倍。

李续宾于1858年11月3日抵达三河，他认为湘军一路长途奔袭路途劳累，于是下令全军就地休息了三天，直至7日才开始对太平军城外的营盘发动攻击。让劳累的兵士休息固然不错，但这也确实贻误了战机。就在李续宾部队全员休息的时候，李秀成和陈玉成正向三河赶来，陈玉成派兵开到桐城和安庆的结合地带，阻断了鲍超和李续宾的联络，以此孤立了李续宾的军队。11月14日，李秀成也赶到了三河，他的军队在三河城东南25里的白石山扎营，封住了湘军的后路。于是，从庐江东北20里的白石山，至三河镇东南30里的金牛镇，结成一条百余里长的弧形战线，堵住李续宾突围南奔的道路。一切部署就绪，各军逐步推进，渐渐紧收网口，准备瓮中捉鳖。

然而，此时的李续宾并没有认识到事情的严重性，首战攻击太平军城外营盘的成功麻痹他的警惕心。实际上这个时候，形势对他而言已经不容乐观，李续宾本来有限的兵力因为这次攻坚又折损了上千人，这就使得他的兵力更加薄弱。另外，三河城虽然地势平坦，但水陆交错，李续宾虽然有丰富的陆战经验和高超的陆战水平，但在带领水师方面实在无甚心得，举步维艰。其实如若这个时候，李续宾能认清形势，退守桐城，兴许还能有一线获胜的希望。但是历史不容更改，就在这时，李续宾作出了一个改变了他一生的错误选择：坚持不退兵，继续前进。

李续宾认为太平军刚到三河，立足未稳，于是打算奇袭太平军。他派出湘军的六成精锐力量，分左中右三路趁着夜色袭击在金牛镇的陈玉成率领的太平军。陈玉成利用湘军贸然出击的机会，利用小部分人马作诱饵，佯装打不过李续宾的军队，且战且退，如此引得湘军一路追击。湘军中计后，陈玉成带领主力军队从湘军左翼包抄到湘军后路，给了湘军以出其不意的致命一击。第二天凌晨，驻扎在附近的李秀成听到炮火声，知道双方已然开战，于是马上率兵前去支援，同时，驻扎在三河的吴定归也率军从城内出击。三支太平军紧密配合，大败湘军。而当李续宾得知湘军主力被太平军包围时，急忙带领四营的清军前往解救，但连续冲击了太平军的包围圈十余次也未能突出重围，只得退回营内，坚守不出，等待援兵。而此时太平军已逼近营垒，逐一攻破了数座清军营盘，并且挖断河堤，以河水截断李续宾军队的退路。李续宾见前无援兵，后无退路，绝望之极，拔剑自刎。李续宾死后，太平军更加声势大振，一发不可收拾，于17、18日扫荡了所有湘军残留的营盘。如此一来，太平军全歼了李续宾带领的精锐湘军六千余人，赢取了三河大捷，大大挫败了曾国藩的装备精良的湘军的气焰，使其在此后几年内不敢放肆。曾国藩听闻此役败绩后，不禁老泪纵横，扼腕叹息。他不仅失去了数量庞大装备精良的兵士，更失去了一员勇将。三河大捷后，太平军乘胜追击，在舒城、桐城驻守的清军听闻湘军惨败的消息后，也无心恋战。11月18日，舒城被克，紧接着24日桐城被克。借助此次三河大捷，太平军军威重振，也缓解了天京内民心惶惶的情况。

谦让推美，受任忠王

李秀成在解围天京的战役中厥功至伟，先是再次攻破了清军的江北大营，又同陈玉成在三河歼灭了湘军中实力最强的李续宾全军，为天京解围立下了汗马功劳。

1959年，洪秀全的弟弟洪仁玕从香港来到了天京，在先前没有一点功绩的情况下，就被封为干王，成为太平天国的军师，总理朝政。洪秀全害怕劳苦功高、手握重权的陈玉成不服带兵来反，就封了陈玉成为英王，而李秀成却未获得任何封赏。清军得知了这一消息，马上指使太平军叛将李昭寿寄信给李秀成，意图挑拨他与天王洪秀全之间的关系。然而这封信却并未送到李秀成手上，而是被太平军的守城士兵截获，洪秀全得知了信的内容大惊失色，马上下令将李秀成的母亲和妻子关押起来，并下严令封住护城河不让李秀成回到天京。李秀成因为洪秀全的猜忌被困在浦口，在这种内外交迫的困窘情况下，李秀成仍

忠王府中的李秀成雕像

坚持与清军殊死搏斗。洪秀全被李秀成的忠诚勇猛感动，亲自题写了"万古忠义"四个大字送给李秀成，并将李秀成封为忠王，以表彰他对天国的忠诚和贡献，其实也是想用一个"忠"字笼络李秀成，以防止他带兵谋反。李秀成接到了天王册封他为忠王的诏书后，拿着忠王的印玺迟迟也不能盖下，他苦思冥想好几个月后，也不肯接受忠王的封号。对此，他还专门向天王上奏，表示他实际上无才无能，不应当受到这般待遇。他的功劳大多是来自捻军将领的共同努力，并恳请天王加封捻军将领韩碧峰、韩绣峰、孙葵心、刘天祥等人的爵位，而后他才敢受任忠王。洪秀全看过这本奏章后，非常赞许李秀成谦让推美的品格，马上像他在奏折上请求的那样，加封了韩碧峰等人的爵位，而韩碧峰等人也联名写信给李秀成，劝他接受忠王的册封，开始使用忠王的印玺。在他们的殷切劝导下，李秀成才勉强受任。虽然洪秀全给陈玉成和李秀成都封了王，但他担心手握重兵的他们尾大不掉，于是便采纳了洪仁玕的计策，也就是滥封诸将为王，以削弱陈玉成、李秀成的势力。最多的时候一共封了 2700 多个王，成为中国历史上的一大奇观。

奇袭杭州，解围天京

清军江北大营因主帅无能害人害己，江南大营因为出兵援助江北大营，导致自己也有不少折损。对此，和春、何桂清气得联手上奏折弹劾了江北大营的主帅德兴阿，认为他仅有匹夫之勇，而不具备用兵的头脑。最后，两人更是要求以江南大营吞并江北大营。咸丰皇帝想到江北的一片狼藉，不得已答应了他们的要求，撤销了江北大营的建制，交由江南大营统一管理。至此，江南大营的规模也发展到了顶峰。

这个时候，清军的江南大营兵强马壮，战斗力达到了鼎盛水平，将天京围困得更紧。而天京城内的粮食储备不多，浦口眼看又要失守。李秀成见形势严峻至此，马上回到天京当面奏请天王，请求天王允许他离开浦口，调兵来解天京之围。开始，洪秀全并不同意，目光短浅地认为只要能守住浦口，便可保天京无虞。但李秀成并不这样认为，于是他再三上殿一再奏请，并详细向天王讲清楚了攻克江南大营的形势和必要性，洪秀全才松口准予。李秀成马上赶回浦口，向其他下级将领交代了浦口的防务事宜，之后马上动身前往芜湖。但就在他刚刚离开浦口不过三四天的时间里，浦口城外倚靠江边的八座营盘以及十几座关卡，全部被敌人攻破。九洑州这一要塞也失陷了，清军把天京围困得水泄不通。

抵达了芜湖的李秀成马上召集了李世贤、杨辅清等高级将领召开军事会议。李秀成在会议中深刻分析了当前的形势：他认为，清军的兵力十分雄厚，围城工事也非常坚固，几乎牢不可破，如果在天京城外与敌人硬碰硬，若想要击退敌人，是十分困难的。敌人的军饷出自杭州、苏州、广德，以及江西省和福建省。如果出奇兵从小路袭破杭州，进而撼动苏、浙。敌人必然会分兵去救，待到敌人兵力分散，再回军急击，如此一来便可攻破江南大营，从而解围天京。确定了围魏救赵的计策后，除留下部分兵力守城，李秀成将在芜湖的太平军兵分两路。一路由其堂弟李世贤带领，南下泾县、涂州一带，从侧面掩护李秀成带领的主力部队的进攻。主力部队在李秀成的带领下先后攻陷了德州以及泗安镇，随后与李世贤的部队会师。两军联合之后，很快就攻下了安吉，进而占领了长兴。然后又再次兵分两路，由李世贤佯攻湖州，转移敌军视线，李秀成乘机率精兵六七千人，轻装急速向杭州进军。一路铲除了很多清军的障碍。李秀成的部队于 3 月 11 日抵达杭州，正式开始对杭州展开进攻。19 日，李秀成带兵攻克了杭州。此时，江南大营的统帅和春得知了太平军奇袭杭州的消息后，立即派麾下的将领张玉良带援兵数千人火速赶往杭州救急，此后和春担心兵力不够，又陆续向杭州一带派驻兵力，如此前后共被太平军分散兵力达 13 万之巨。当时正在杭州的李秀成见到了清军援军，明白清军已经中计。他于是率军在 3 月 24 日主动撤出了杭州，迅速回师进攻江南大营。而当李秀成从杭州撤军后，张玉良也并未意识到任何不妥，他并没有紧跟着撤军，而是进入杭州城内大肆掠夺。待到李秀成回师到距离天京仅 300 里处时，张玉良才如梦方醒，但这时再想回师救援江南大营，已然来不及了。李秀成军撤回广德后，立即开始执行进攻江南大营的计划。与从长兴撤回的李世贤军一道，占领了战略要地建平。李秀成当即在建平与李世贤、杨辅清、黄文金等将领共同召开紧急军事会议，会议决定兵分五路回攻江南大营。到四月底，五路大军共十几万人马，浩浩荡荡全部抵达天京外围，随时准备对江南大营的驻守兵力展开进攻。李世贤率军从秣陵关向天京北面进发，目标是占领洪山、燕子矶一带要地。李秀成从尧化门，陈坤书、刘官芳从高桥门攻击。五路军马一起攻击天京外围的清军。与此同时，驻守在天京城内的军民也打开城门开始对门外的清军进行攻击。5月2日，天公不作美，下起了滂沱大雨，太平军发动了全面攻击，连续猛攻江东门、安德门的清军营垒外墙。城内的太平军向清军营内抛掷火罐，有的火罐落入了清军的火药库中，引起了剧烈的爆炸，清军阵脚大乱。太平军趁清军大乱之际，将德胜门至江边的五十余座清军营垒全部攻陷，同时击毙清军数千人。5月5日，李秀成攻破了孝陵卫大营，打开了江南大营东南面的清军防线。6日凌晨，各路太平军集结，共同进攻和春大营。在太平军的凌厉攻势下，清军只能节节败退，和春也弃营仓皇逃往镇江。太平军也通过此役获得了守在天京外的清军的所有武器军火。7日，张国华见大势已去，也只好逃往镇江。江南大营至此完全被太平军摧毁，李秀成以其独到的见解和眼光力挫清军，力挽狂澜，救天京于水火之中，使天京的危急形势得以改变。

二破江南大营可谓李秀成军事生涯中最杰出的战役之一。他所提出的围魏救赵之计充分展现出了他足智多谋、英明果敢的特点。他选择了杭州等清军守卫较为薄弱但却同样有重要战略意义的地点展开奇袭，牵制并分散清军的兵力，这在很大程度上减轻了江南大营对天京的压力。与此同时，他又以闪电战掉头痛击江南大营，使清军腹背受敌，陷入杭州和天京的部队都无法互相援助的境地。这足见李秀成的战术部署非常巧妙。他儿时熟读《东周列国志》和《三国演义》的收获开始逐渐显现。

第四章 利剑出鞘

乘胜追击，克服苏常

取得三河大捷，解了天京之围后，李秀成军队获得了难得的三日休整时间。就在这时，洪秀全迫于形势的需要，命令李秀成即刻发兵，并命令他在一个月之内攻下苏州、常州两郡。李秀成当时并不愿意东征，但迫于当时意气风发的天王洪秀全和干王洪仁玕的压力，才不得不领命东征。李秀成带兵于 5 月15 日出发，向丹阳进军。丹阳城内外有清军张国华败军把守。到达丹阳后第二天，李秀成前去叫阵，张国华当即大开南门出兵迎战，双方战作一团。第一日战况惨烈，交战双方皆伤亡惨重。第二日又战，从早晨一直战斗到晚上，张国华率领的清军大败，死伤惨重，敌军将领张国华也在激战中死于南门河下的乱军中。丹阳之战，清军死伤一万多人。战后，李秀成派人找到了张国华的尸体，用棺材埋葬于丹阳塔下，李秀成在他后来的自述中是这样解释他的这一做法的："两国交兵，各帅其主，胜败乃英雄，死不与仇，此是英雄之心。"也就是说李秀成敬张国华是个英雄，才将他厚葬于丹阳塔下。5月22日，李秀成顺势继续进攻常州。正在常州危急的时刻，清军救兵张玉良率部众从杭州出发赶到，全部屯扎在常州城外，共有大小营盘四十多个。开战当天，李秀成将这四十多座营盘尽数击破，大败张玉良军队。张玉良军队浩浩荡荡而来，却大败铩羽而归。此时，金陵外围的和春、张国华的大营在太平军的攻击下已是一盘散沙，其他守地的清军更是再无抗敌之心，对勇猛无敌的太平军闻风丧胆，都在援助常州的途中因遇到太平军而溃逃。如此，常州城内的清军便孤立无援，在被太平军连攻数日后，于26日开城投降。李秀成进城后，着力安民，休兵两日后又继续向无锡进发。

无锡由张玉良驻常州的残军败将镇守。张玉良一边守城一边等待援兵。驻扎在宜兴的清军守将刘季三奉命率军赶往无锡援助。这两支清军会合后，战斗力比以往有所加强。清军与太平军开战第一天，双方缠斗得难解难分，未能分出胜负，清军凭城死守。第二天，李秀成亲自率兵自惠泉山向无锡城西门发起进攻，架起云梯爬入城内，打开城门。太平军于是顺着打开的城门一拥而上。张玉良的水陆两军皆遭受重创，仓皇弃城逃窜。李秀成攻下无锡城后，并不急于追击张玉良的逃兵，而是着力安抚城中的百姓。在全军休整了两日后，再拔营于6月1日进军苏州阊门，将整个苏州城围困。苏州城内的守军因为都前去支援无锡，导致城内的防守力量实际上非常薄弱，留下的守将大多是在南京、常州、无锡一带吃过败仗的残兵败将，清守军在苏州城内惶惶不可终日。张玉良见太平军势无可挡，于是连夜紧急带领其部下逃出城。城内守将见张玉良未战先逃，非常愤怒。于是李文兵、何信义等人密谋向太平军献出苏州城。1860 年 6 月 2 日，苏州城内清军正式向太平军投降。李秀成正式率军进驻苏州城。延续了一贯优待战俘的原则，李秀成对苏州城内的清军败兵给予了非常优厚的政策：如果他们想要回家的话，就可以回家，由太平军发给盘缠；如果想要留下的也可以留下，可以继续随太平军作战。如何选择全看败军个人意愿，悉听尊便。许多清兵感动于李秀成的宽宏大量，自愿留下追随太平军。就这样，李秀成率军相对轻松地克复了苏常一带。

下乡劝谕，招抚安民

李秀成率领的太平军初到苏州的时候，城中的清军正忙于胡作非为，他们肆意抢掠百姓的财物，行为非常猖狂，城中的百姓都对他们怨恨不已。城中百姓由于长期受到清军的压迫和剥削，对军队士兵有着很强的戒备之心，他们担心太平军也会像先前的清军一样干扰他们的正常生活。于是他们就经常想出各种办法骚扰李秀成带领的太平军队伍，其实这完全是当地平民受到了地主蛊惑的结果。李秀成于是想出了各种办法招安当地的老百姓，可是他们就是不从，还总是日夜来找军队麻烦。

有的太平军将领耐心被耗光，提出出兵杀了这些闹事的百姓。李秀成严令不准，严禁手下的将领动百姓一分一毫。李秀成于是又想了其他办法来招安百姓，但当地的百姓仍然不从。就这样接连闹了十多天。李秀成见百姓仍然得不到安抚，就亲自下乡劝谕。乡民见到太平军头领居然敢来自投罗网，于是便从四面八方赶来，将李秀成团团围住，用刀矛等对他们来说趁手的兵器直指李秀成，随从们都大惊失色。李秀成却十分镇静，他命令随从不得向百姓动手，然后和蔼可亲地向围攻他的百姓们讲述了他克复苏州却未能安民，所以冒死前来安抚他们的心路历程。他的话中洋溢着拳拳的爱民之心，加之太平天国本身就是反对封建专制的农民政权。李秀成的劝解终于感动了周围拔刀相向的百姓。他又详细向百姓宣讲了太平天国革命救民的宗旨，受到地主阶级欺压的农民们便更加心悦诚服，都纷纷放下武器。李秀成于是在苏州附近的郊县展开了巡回宣讲，他先是用三天时间说服了元和各乡的农民，又用七天时间将吴县、长洲、安清等地的乡民说服。由近及远，每个县的人都愿意接受李秀成的劝服，纷纷被太平天国招安。于是太平天国就在苏南建立了一个新省，并将它命名为苏福省，以苏州作为省会，同时作为太平天国的陪都。六月初九日，幼主下诏嘉奖李秀成说："爷生秀叔扶朕躬，开疆裕国建奇功。叔善感化洋人顺，又善筹谋库帑充；富庶之区首苏福，陪辅京都军马丰。叔筹交库首顾国，功尚（上）加功忠更忠。"以此诗赞颂了李秀成的种种功绩。

恢复生产，振兴工商

　　苏南地区素来是农业和工商业很发达的地区。先前负责治理这一地区的清朝官员们显然不可能放过这块肥肉。他们巧立名目，设置了各种各样的赋税，种种苛捐杂税让当地民不聊生，一年到头的收成甚至还不够向朝廷交税的。太平军进驻后，当地百姓表现得不甚友好的原因其实也在于担心太平军和清政府一样对他们横征暴敛。李秀成经过深入走访了解到这一情况后，马上将当地人民的辛酸苦楚上奏天王洪秀全。得知此事的洪秀全大为震惊，马上下诏减轻了苏福省的田赋。李秀成又将一些田凭发放给贫雇农，保护他们的利益，使他们能够取得逃亡地主的土地所有权。除此之外，李秀成还在苏南地区着力发展工商业，他率军克复苏州后，首先设法救济阊、胥门外被清军烧光抢光，已经无家可归的人，设法恢复生产。他还提倡城乡之间的物资交流以及各乡之间物资的交通交流。在他的主持之下，江面上来往的船只日益增多，苏福省内的物资交易也越发昌盛。农民在过了正午之后往往就能满载而归。在李秀成的政策引导下，当地商业市场比以往强了三倍还有余。与此同时，他还减轻城周围各个关卡的赋税，使工商业的流通更加通畅无阻。所以当时在李秀成治理下的苏南地区，各式各样的货物都可以很方便地买到，人口密度也非常大。到上海区做生意的船只帆樯林立，往来如织。整个苏南地区呈现出一派繁华景象。

太平天国时期的货币

当时负责治理苏福省的李秀成功不可没，他也非常受到当地百姓的爱戴。李秀成在苏州当差的时候，当地拙政园内的一座见山楼深得李秀成喜爱，他非常喜欢在见山楼上办公。每当公务非常繁忙的时候，他只要放眼窗外，拙政园美好的景象便一览无余。一天，有位老农在拙政园北边的一个土墩上割草，无意间一抬头发现拙政园见山楼上有个用黄稠巾包头的人正在向外张望。老农仔细观望了一下这个人，发现这不就是进城后前往每个乡镇劝谕的忠王大人吗，这时候正在休息的李秀成也注意到了这位老人家，于是冲他一笑。老人家非常激动，马上跑回家把见到忠王本人这件事告诉了十里八乡的百姓。有好奇心强的人专门跑去老农说的地方想看看到底是不是忠王，前去一看，果然是忠王。这下一传十，十传百，十里八乡都轰动了，老百姓们都涌到了园外的土坡上看忠王。李秀成见到那么多慕名前来的百姓，也感到非常高兴，就与百姓一起隔着墙聊天，在这样的交流中，李秀成难得地了解到了很多百姓的真实想法。李秀成也因此加强了对太平军的约束，太平军的军纪变得更加严明。因为总有老百姓来找忠王谈天，如果谁触犯了军纪，抢夺了百姓的财物，那么第二天就会有百姓前去知会忠王，从而严惩触犯了军纪的人。有两个刚加入太平军的毛头小子，对李秀成严明的军纪并不了解，一天，他俩强买了虎丘农民挑进城里的两担菜，那个气愤的菜农于是跑到拙政园外的土坡上把这件事告诉了李秀成。李秀成得知这件事后马上派人查明了事情的来龙去脉，并亲自问讯了那两个犯错误的新兵，还对他们严加处罚。自此之后，每天来看李秀成的百姓就更多了。那个拙政园的土墩甚至被络绎不绝的人流给踏平了。李秀成在苏州百姓之间越来越有威信，也受到越来越多百姓的爱戴，当时坊间流传着这样一首童谣：毛竹竿，两头黄，农民领袖李秀成，地主见了像阎王，农民见了赛过亲生娘。

初战外敌，解围嘉兴

当张玉良放弃苏州城带领部下向杭州逃窜时，李秀成派陈坤书、陈炳文率军从苏州出发尾随张玉良军队。1860年6月13日，太平军攻克了吴江县，第二天又攻克了平望，然后直接向嘉兴进军。在嘉兴与守城的清军交战了两天之后终于占领了嘉兴，守城的清军将领因为战败而仓皇逃窜。李秀成下令部下停止对清败军的追击，转而开始安抚嘉兴城内的百姓。而张玉良在杭州休整了两日之后，逐渐恢复了士气，在七月份带兵反扑嘉兴。在嘉兴城外扎营四十多座，开始试图围攻嘉兴。

而此时的李秀成正带着太平军前去解青浦之围。六月，华尔洋枪队攻陷松江后进犯青浦。驻扎在青浦的太平军守将同文嘉浴血奋战，坚守青浦，清军和洋鬼子久攻不下，一时也想不出什么好办法。七月中旬，李秀成带领太平军来到青浦解围，李秀成军队于8月1日到达青浦。第二天就开始与英法联军交战。两军从早上一直激战至正午，双方的首次交战以英法联军大败而告终。洋枪队的头领华尔被击中五枪。此役太平军共剿灭洋枪队三分之一的有生力量，俘获洋枪两千多支，大炮十多门，前膛洋铁炮一百多门，船只数百条，顺利为青浦解围。这一战给了在中国耀武扬威的洋鬼子们以致命一击。在此后很长一段时间里，很多清军将领在与洋人会面时，都能感到他们对于太平军的忌惮。

解围青浦后，李秀成率军马不停蹄地向松江进发，8月12日，李秀成军队攻克松江，紧接着又前往上海，在距离上海十八里的徐家汇驻扎。那个时候，李秀成对于英法联军的来意并不十分清楚，也给他们以宽容友好的态度，李秀成认为他们的主要对手仍然是在先前的交战中连遭败绩的清军。然而自1860年，清政府与外国反动势力相勾结，开始联合镇压太平天国运动。尽管太平军曾明确表示不会伤害在华外国人的财物及利益，但由于太平天国上下严令禁止吸食鸦片，仅此一点，就大大断了入侵的洋鬼子们的财路。也正因为这一点，外国侵略者对战力强大的太平军可谓恨之入骨。在天平军开始攻打驻扎在上海的清军之前，李秀成曾向上海的外国公使发布过一则文告："前大军离苏州时，曾经函告。本军即将进抵上海，凡贵国人民之住宅或商店，于战时应悬挂黄旗为标识，本军官兵一见此项符号，即尽力保护，以免侵扰，谅已查照施行。直至昨日，始闻贵国人民于松江府地方，设有教堂，崇拜上帝，宣扬福音；本军过泗时，与清妖发生战事，当时有外人四名在满妖军中，未易辨别，致令一名外人为我部卒所杀，然余恪守信约，不违前言，对于外人始终优待，已将杀外人之兵士枭首，以儆效尤。查泗泾有教堂一所，本军过境时，并未悬有黄旗；余深信贵国人民尊重信义，不至暗助官军也。既往不论，为防患于未来起见，兹特再行声明：本军即将前来上海，凡水军所过沿途，望令贵国教堂派人守候门前，于大军过时报明，以免误会。本军已抵七宝，即将到达上海城下，所有贵国商民，烦贵公使转令其于门首悬挂黄旗，守候屋内，不必惊恐。余已令兵士等认明黄旗符号，不准侵扰。其他要事，伺到上海再行磋商，先此驰告，借祝贵公使健康。"从这则文告的内容来看，李秀成对于在华的外国人态度十分友善。先前在与清军的交战中，有太平军将士杀害了一名混在清军中的外国人，李秀成得知此事后，将这名杀了外国人的太平军将士斩首。现在太平军马上要开始对上海的清营发起进攻，为了避免误伤，李秀成特意告诉外国使节可以在他们的驻地或商铺前悬挂黄巾，如此一来，太平军将特别留意不会对这些挂黄旗的地方造成破坏。当时在上海的英国公使普鲁斯接到了这封太平军方面的来函。他对于这封文告不屑一顾，但还是给李秀成回函一封："通告：顷据报告，上海附近，聚有武装部队。我大不列颠政府驻沪海陆军司令兹特宣示，上海县城及外国租界由英法联军占领，联军特此警告一切人等，倘有武装群众攻击或走近联军所驻地点，即视为侵犯联军之行为，联军当依法对待。"这封回函明确告诉太平军上海已被他们的英法联军占领，如果太平军进犯，他们就要派出武装部队进行打击。可笑的是，这封回函被炮船送到了一个太平军根本不在的地点，李秀成自然无法看到这封回函，也因此并未对与外国军队的交战作出任何准备。8月18日，太平军开赴上海，此时他们仍然不知道英法联军已经盘踞在城中，李秀成派将领蔡元隆、郜永宽带兵攻击清营。清军见太平军攻来，急忙弃营向上海城中逃窜，太平军本想乘胜追击，但不料遭到了清军收买的洋枪队的猛烈阻击，停靠在黄浦江上的英舰也用大炮攻击太平军，造成太平军伤亡惨重。李秀成本人也负伤了。在这种极端不利的情况下，太平军只能被迫退回松江、蒲县。太平军第一次进攻上海的战役，就这样失败了。究其失败的根本原因，其实就在于李秀成误以为他们长期以友好态度对待外国人就能够得到他们的投桃报李。然而英法联军的洋枪洋炮彻底打碎了他们的天真想法，也正是从此时开始，李秀成开始认识到了外国侵略者的本来嘴脸，更加坚定了他日后抗击外侮，保家卫国的决心。

就在李秀成率军撤回松江之时，恰好嘉兴被清军围困前来求援，于是李秀成就从上海撤军前往嘉兴增援。8月15日，张玉良用炮轰开嘉兴南城城墙五丈多宽，清军趁势涌入城内，城内的太平军奋力抵抗，打退了清军。但由于嘉兴的太平军着实数量不多，能抵抗住清军一时的攻势却难保长久的安稳。只得临时向驻扎在苏州的李秀成求援。在回救嘉兴途中，李秀成带领将士们攻克了嘉善、平湖，于 9 月 4 日抵达嘉兴。抵达嘉兴后，太平军马上与张玉良军开战，李秀成分兵一路进驻石门，截断了清军的退路，又在正面与张玉良军激战了五日，终于打败了张玉良军。当张玉良战败试图向后撤退时，见到退路已断，而江浙一带多为水路，被阻断了陆路的张玉良军发现并无去路，不敢再战，只得献营投降。李秀成解嘉兴之围后，带领本部兵马回到了苏州，继续休养生息，开仓放粮，接济贫民，减轻对百姓的赋税。

退兵湖北，酿成大错

解围嘉兴以后，李秀成当即回兵苏州。当时，安庆已经被湘军包围长达一年之久。三河战役后，太平军虽然大大挫伤了湘军的锐气，但他们显然并没有放弃对安庆的包围。因为如果清军能够彻底攻下安庆，那么天京北面的防御就会大打折扣，天京的安全也将受到巨大威胁。为了保证安庆的安定，天王洪秀全特意派遣了英王陈玉成前往安庆救援。抵达安庆的陈玉成认为清军在安庆的力量非常强大，于是他就请求天王洪秀全调派李秀成前往安庆解围。所以，当李秀成回到苏州时，洪秀全就马上敦促李秀成率军前往安庆解围。天京事变后，李秀成与陈玉成的关系已不复以往，变得微妙起来，陈玉成已经接受了洪仁玕的示好，李秀成在朝中开始处于相对孤立的地位。出于自身的考虑，李秀成并不愿意前往安庆解围，他更愿意前往湖北接收那里的义军队伍。于是他把苏州事务全部交予部将陈坤书处理，自己带兵赶回天京，把自己打算前往湖北接收义军的计划禀报天王。洪秀全听后勃然大怒，再次严令他去解救安庆。李秀成虽然心里很不愿意，但是表面上也只能按照天王的旨意行事。李秀成虽然口头答应前去解围安庆，但却在 1860 年 10 月出兵江西，然后才按原计划到达湖北，并没有直接去救安庆，违背了洪秀全的旨意。

李秀成作为南路军统帅率军前往武昌途中，取道安徽太平、芜湖、繁昌、上石埭。10 月 22 日他率军攻破了羊栈岭，把曾国藩在黟岭布置的各条防线一一击破，进而占领了黟县，而此处距离曾国藩过去的营盘仅有六十里地的距离。曾国藩的营盘兵力单薄，他本人也躲在营盘中心惊胆战，他眼看死亡就要到来，甚至立下了遗嘱。然而李秀成却没能侦察到敌情。他以为曾国藩的大军驻扎在黟县，但曾国藩本人已经率领大军前往祁门了。加之黟县实际上并不是他此次进攻的重点，因此他并没有继续进攻曾国藩的大营，而是从羊栈岭退出，改道从箬岭出了徽州，转而进入浙江，如此一来，就把本来已被逼至绝境的曾国藩放生了，事实上，李秀成日后正是死于曾国藩之手，可见造化弄人。

1860 年底，李秀成军队到达常山，1861 年新年的第一天，李秀成又经过玉山、广信、河口等地到建昌驻扎。李秀成率军与驻扎在建昌的清军鏖战了十余天，无奈久攻不下，李秀成只好率军从建昌撤退，绕道向赣江东岸进军。渡过赣江时，李秀成遭到了当地地主团练组织的骚扰，李秀成派兵赶走当地团练后继续前进，在建安、武宁一带安营扎寨。但是未被攻下的建昌成为天平军的一处重大隐患，因为未被攻下的建昌正好处在太平军的退路上，如此一来，太平军退路受阻，非常凶险。

再说陈玉成前往支援安庆一边。陈玉成军队很快加入了太平军与清军的战斗。开始陈玉成军连连获胜，仅仅三个月时间就接连占领了霍山、英山，一直攻到了距汉口仅50里的资州。陈玉成军队兵强马壮，拥有太平军将士八万多人，一路上打得清军落花流水，望风而逃。但李秀成的堂弟李世贤的军队在东平的战斗中大败，折损了一万多人，这对太平军的兵力造成了巨大影响，而黄广英的部队也遭遇了不测，在渡扬子江到达东、西梁山时，被曾国藩的湘军截击，近乎全军覆没，而其他的太平军将领，也有一些败给了曾国藩的湘军。

当李秀成得知了其他太平军将领在战场上惨遭败绩的消息后，考虑到自己的军队也未能拿下建昌，导致后路被堵死，加之还有当地团练骚扰太平军，抢夺太平军的物资，使军队不得安宁。因此他临时决定就此搁置与陈玉成合攻汉口的计划。于是李秀成军队从原路撤退，沿长江向浙江回兵，同时，陈玉成见李秀成撤军，加之有英国给予的压力无法进攻汉口，于是也只能撤军直接前往安庆援助。于是，陈、李两军合攻汉口，以解安庆之围的计划彻底泡汤了，第二次西征失败已成定局。

李秀成从武昌外围撤军这一行动，正好为正在苦苦围攻安庆的曾国藩解除了后顾之忧，使他可以不用再分出兵力应付攻击汉口的陈玉成、李秀成军队，可以全神贯注地集中兵力对付太平军在安庆的守军，这样一来，安庆的形势就更加不利于太平军了。陈玉成从汉口撤军，直接赶赴安庆支援的同时，又从皖南调来了杨辅清的部队以支援安庆，冲击包围安庆的湘军，在安庆城外围向湘军发起猛攻。但湘军的防守力量非常强大，还有先进的洋枪洋炮，致使太平军损失惨重。太平军连续向围攻的湘军冲击了十几次都没能奏效。1861 年 9 月 5 日，安庆城墙 被湘军的大炮轰塌，湘军一拥而上，迅速杀入了安庆，城内的太平守军全军覆没。

对于此次西征的重大失败，李秀成有着不可推卸的责任。安庆的沦陷直接导致了天京再次陷于危险境地之中。这次战役中，李秀成的错误主要有这样几点：首先，李秀成的西征从一开始就不是以解围安庆为根本目的的，他执意取道江西，妨碍了洪秀全命他与陈玉成军迅速抵达汉口合军以解救安庆的计划，违背了一开始的战略部署；第二，李秀成对围攻汉口进而解围安庆的计划态度非常消极，他只顾完成自己的计划，在湖北招兵买马，扩充自己军队的实力，直到六月中旬，他才到达武昌外围，而这已经比原计划推迟了两个月。而陈玉成早在三个月之前就已抵达了汉口并开始与清军交战。最重要的是，抵达武昌外围的李秀成并没有继续尝试进攻武昌，而是直接消极退兵了，这一点令曾国藩都百思不得其解，在日后李秀成被曾国藩捉住后，

清军克复安庆战图

曾国藩特意询问了他不攻打武昌的原因，并且明确表示当时武昌的湘军力量实际上相对比较薄弱，如果李秀成率军出击，那么必能拿下武昌，然而李秀成根本试都没有尝试一下就直接退兵走了。这让曾国藩都对能够如此轻松地获得胜利果实大感意外。此次支援安庆的行动，天国内的诸王陈玉成、洪仁华、杨辅清、吴如孝、黄文金等皆派兵前往且全力进攻，唯有李秀成按兵不动，坐视安庆失守。这说明李秀成身上还是残留了农民阶级的局限性，只顾眼前利益，不能放眼长远。而随着自己军队实力的提升，李秀成的虚荣心也日益膨胀，对于其他人的战术越发难以接受。安庆失陷可以说是李秀成军事生涯中所犯的最大错误，也正是这个错误，奏响了太平天国失败的悲歌。

力克杭州，平除大乱

1861 年 8 月，李秀成带领从武昌撤退的军队到达了江西铅山县的河口镇。在那里，李秀成遇到了先前遭排挤愤而出走的翼王石达开的部将童容海、吉庆元等人从广西带领部队归来。李秀成于是收编了这支队伍，又多获得了二十万的兵力。李秀成放弃解围安庆后，决定返回浙江。他的先头部队率先赶到玉山，并从此地向常山进攻，不日便攻下了常山，之后又贡献了衢州城，但李秀成军队本志不在此，于是便又放弃常山，撤出衢州，将部门兵力分给了堂弟李世贤，自己亲率人马向杭州、绍兴一带进发。李秀成军于 10 月 14 日占领了新城县，10 月 16 日又攻克了临安县。李秀成又率领军中主将谭绍光等人占领了余杭县，与驻守在石门的陈炳文军会合，随即开始进攻杭州府。李秀成令他自己的军队与李世贤的军队分工合作，各个击破，一路上势如破竹，攻下了多个浙江郡县。李世贤军攻下了温州、台州、处州、金华、汤溪、严州等城，而李秀成则亲率军队攻破了浦江、绍兴、富阳等处。太平军一时声威大震，不少浙江郡县的驻军一听说太平军来了，马上就献城来降，因此太平军并未遭遇多少波折便拿下了浙江的绝大部分地区。而实际上，夺取浙江的其他地市进而使得杭州城孤立无援正是李秀成想出的兵不血刃即拿下杭州城的一条妙计。李秀成派军包围了杭州城，但并不发起真正意义上的进攻，而是派李世贤攻打宁波的清军，自己则派兵攻打海盐。如此一来，杭州便彻底孤立无援，后来张玉良率领一队清军从水陆前来救援，也在半路被太平军伏击。当时杭州城内的守将是清将王有龄。这个人与一般贪婪的清军将领不同，他平素爱护百姓，深得民心，是清王朝有名的一个清官。李秀成几次试图劝降他，他都誓死不从。直到王有龄得知张玉良已经率军前来支援，便每日率军出城与太平军交战。但由于杭州城遭围困已久，粮草不足，官兵们饿着肚子作战自然难敌兵强马壮的太平军。加之张玉良援军在半路上被阻截，一时半刻也难以脱身，杭州守城的清军陷入了极其不利的境地。王有龄见张玉良的援军迟迟不到，再想不出任何能够抵抗太平军的办法，只能紧闭城门，凭城死守，无论如何绝不投降。当杭州城内的清军被太平军围困得疲惫不堪时，李秀成马上下令攻城。太平军将士从四面八方涌来，势如破竹，很快便占领了杭州城。李秀成敬王有龄是条汉子，爱惜他这个人才，于是他在入城后的第一件事就是赶去了王有龄的府邸。李秀成推开门一看，这座府邸已是人去楼空，而誓死不肯投降的王有龄已经在家中自缢而死。爱才惜才的李秀成不禁为这般忠良的折损而扼腕叹息。

李秀成率军进驻杭州城时，杭州的形势很不容乐观。由于先前被太平军围困两军，城中的粮草已几乎被消耗一空，再加上冬季河水冰冻，外地的粮食也很难运到，就这样，杭州城陷入了严重的粮荒之中，城内很多百姓都被饿死了，一时间饿殍遍野。李秀成先是用棺材安葬这些死者，然后下令急速从嘉兴城向杭州调拨粮食万担、布匹几十万匹，用以缓解杭州城饥寒交迫的困窘情况。李秀成将这些米粮布匹发放给穷人饥民，还为无钱谋生的人提供无息贷款。用今天的话来说就是借钱给他们创业，不计利息，只需在六个月后归还本钱即可，而发放给灾民的粮米布匹为救济品，可以不用归还。这些举措颁布后仅仅四个月，杭州城就从极端的困窘中挣脱了出来，进入了百姓安居乐业的正轨。十二月初，李秀成见杭州城治安良好，就留下了一部分兵士驻守，自己带其余的兵士回苏州过年了。

李秀成在杭州所采取的诸项政策，对当地社会秩序的长治久安和老百姓的安居乐业都有很大的好处，他进行无息贷款这一举措鼓励了当地工商业的发展，使杭州的经济水平得到了大幅提高，对外贸易也有了很大增长。李秀成对江浙一带的经营思路，在巩固了当地农业水平的基础上，也使后期日渐衰落的太平天国能够维系下去。

李秀成离开苏州支援安庆时，临时任命陈坤书驻守苏州，这一决定是出于对陈坤书的信任，但此时的陈坤书已经不复往日的忠诚了。他认为太平军失守安庆，太平天国大势已去，自己又何苦守着苏州城苦苦支撑呢。于是陈坤书趁李秀成攻打杭州时在苏州发动叛变，带兵逃往常州。实际上陈坤书本不该有兵权，但是安庆失陷后，英王陈玉成被害，原本陈玉成手上的部队就全部归附了李秀成，从而使李秀成的兵权大增。而洪秀全显然不会对手握重兵却并未听自己话去安庆解围的李秀成放心，洪秀全害怕李秀成势力庞大会威胁到自己的地位，因此对他有很强的戒心，并一心想削弱他的兵权。而恰好此时天朝中的奸佞小人也趁机前来中伤李秀成。于是，洪秀全就给陈坤书封了王，并给了他部分兵权以牵制李秀成。李秀成得知此事后勃然大怒，明确表示自己只对天国忠诚而并不对洪秀全忠诚。

而陈坤书在苏州时的政绩完全可以用惨不忍睹来形容。陈坤书并不具备治理城市的经验和头脑，只能凭感觉行事。他以为要爱护城中的百姓，就经常随意发放城中的粮食。这样一来就使得很多农民安于这种领救济粮的生活而不愿再自己劳动，垦荒种地。这样一来就导致城中的许多土地荒芜，城中粮食越来越少，形成了恶性循环，苏州城内于是再次出现了民不聊生的饥荒景象。害怕李秀成斥责他办事不力其实也是陈坤书带兵谋反的原因之一。回到苏州的李秀成不得已要着手重新开始规制这个烂摊子。仅仅四个月后，苏州城就在李秀成的治理下恢复了先前百姓安居乐业的和谐景象。李秀成年少的时候多年在地主家帮工，深谙农民的想法，这就使他非常善于使用休养生息这种深受农民欢迎的办法。而这种办法确实对治理百姓和发展经济有重要作用。李秀成治下的苏杭风调雨顺，物产富足，为太平军打造了坚实的后方，这也是李秀成的一大重要功绩。

击破外敌，真英雄耳

李秀成刚刚平定杭州的祸乱时，负责守卫苏州城的陈坤书率军叛变。奸佞分子熊万荃、李文炳、徐少蘧等人密谋于十二月初八在苏州发动叛乱，后来因为担心夜长梦多，就把发动叛乱的时间提前了三日，提前到了初五夜里。而李秀成对这些奸佞小人作乱的打算早有觉察，并派人严加监视。当他收到情报得知熊万荃等人打算初五夜里行动后，以迅雷不及掩耳之势马上出击，在反贼们预谋作乱的初五一早就赶回了苏州。奸佞见李秀成归来不敢妄动。他回到苏州后，就把李文炳调往昆山，把熊万荃调往海盐。后来待到时机成熟之后，就杀掉了李文炳和徐少蘧，使得本来酝酿的一场暴风骤雨得以平息。

在攻克了杭州之后，天王洪秀全又下诏书命令李秀成带兵向上海进军。他先向盘踞在上海的外国侵略者传达了一则檄文：

如果不能遵守太平天国的制度，转而与清军结盟，助纣为虐，与我太平军相抗争，就是飞蛾扑火，自取灭亡！而这个时候，外国侵略者已经逼迫清政府签下了丧权辱国的《北京条约》，他们与清朝统治者相勾结，决心共同剿灭太平天国。彼时，英国海军提督何伯、陆军提督士迪佛立、法国海军提督卜罗德调集了侵略军队集结在上海，连同美国侵略军中的华尔常胜军洋枪队，与上海的清军联合，准备围剿太平军。

1860 年，慈禧太后联合恭亲王奕訢发动政变，垂帘听政，掌握了清朝廷的实权。以慈禧为首的投降派，对于太平天国这一眼中钉肉中刺早已忍无可忍，他们唯独只能顾及眼前的一点蝇头小利，没能认清究竟谁才是使清朝亡国的祸患。他们于是荒唐地开始拉拢英法侵略军共同镇压太平天国。而英法侵略军为了更好地实现他们侵略中国的目的，认为太平天国是一股破坏他们诡计的潜在的危险力量，而扶持清政府这一傀儡政权将有助于他们扩展自己在华的利益。如此一来，清政府与外国侵略军一拍即合，沆瀣一气，开始着手共同镇压太平天国。这种卑劣的联姻其实在李秀成军第一次攻打上海时就已经完成，当时的李秀成因为对外国侵略军的丑恶嘴脸认识不足，导致了战争的失败。

其实一开始，外国侵略军声明在清政府与太平军的交战中保持中立。但看到太平军的昂扬斗志和势如破竹的战斗力，洋鬼子们也坐不住了，主动践踏了自己的诺言，开始千方百计地帮清军筹集军费，为清军运输战略物资。李秀成对此深感愤怒，但也无能为力。

　　上海的地理位置非常紧要，属于兵家必争之地。上海有多个临海港口，海关税收是一项非常重要的政府收入来源，而这些重要的通商口岸，也是中外货物进出的重要通道。清军驻守上海时在此处获得了大量的军用物资、粮食饷银。面对这样一个肥得流油的风水宝地，无论清军还是太平军都没有任何不争取的理由。先前任清政府淮军将领的李鸿章此时接任了上海巡抚这一要职。李鸿章为了防止太平军进攻上海，于是决定先下手为强，进攻太平军把守的嘉兴、青浦。李鸿章在洋枪队的帮助下，将嘉兴、青浦两地的太平守军打败，太平军损失惨重。当李秀成决定带兵前去为这两城解围时，嘉兴、青浦已经被清军攻破了，清军已开始进犯太仓。当时清军与外国侵略军自松江、泗泾、青浦、嘉定、宝山、上海设立了营盘一百多座，在每个城市都安置了侵略军进行把守。

　　李秀成从苏州亲自率领精兵向太仓进发。一到达太仓，李秀成就与前来叫阵的清军和侵略军战作一团。从清晨一直激战至正午，双方各有折损，一时难分胜负。第二天一早，李秀成便率军等候在太仓城东门外，清兵和洋鬼子见状，马上打开城门开始与太平军交战。双方又是鏖战了一整天。李秀成带领的太平军奋勇地冲破了洋鬼子部下的洋枪阵，斩杀了四百多个不可一世的洋鬼子。其余洋人感受到了来自太平军的深深的震慑，打算各自逃命。可回头一看，发现退路也被太平军封死。无路可逃的洋鬼子们只能纷纷跳入水中，试图从水路逃脱。太平军于是乘胜追击，共攻破清营三十多座，一直将洋鬼子逼进了嘉兴城里。此役太平军大获全胜，收缴了大量洋枪洋炮，李秀成麾下驻守奉贤南桥镇的部将还击毙了法国海军提督卜罗德，大大挫败了洋鬼子的士气，让这些心怀鬼胎的外国侵略者闻风丧胆，太平军在痛击敌人之余自己也声势大振。

洋鬼子们并没有料到太平军与懦弱无能的清政府完全不同。一时间，被逼入嘉兴城内的洋鬼子们被一片愁云惨雾所笼罩。他们深深体会了一把太平军的厉害，不敢再出门迎击，只能躲在城中惶惶不可终日。已经在上海拉开架势自以为胜券在握只等太平军前来送死的洋鬼子们听到太仓侵略军的悲惨遭遇后，简直不敢相信自己的耳朵。他们仍然不能接受太平军战斗力已至如此境界，这对他们而言太过残酷。驻扎在上海的洋人于是马上派人前往嘉兴增援。不料刚到太仓城外，赶来增援的洋鬼子们就与早已在那里守候多天的李秀成军队不期而遇。洋鬼子们想给太平军一个下马威，于是马上与太平军展开激战。两军交战了两三天。已经熟悉了洋鬼子们套路的李秀成显然不可能让这些洋鬼子们从太平军身上占到任何便宜。经此一战，前来增援的洋鬼子们明白了先前太仓惨败的侵略军所言非虚，太平军的战斗力果真惊人。而李秀成军则是越战越勇，更是趁

太平军和洋枪队作战

着洋鬼子们被太平军的气势震住不知如何是好之际，又调来一万多人的太平军队前来增援。如此一来太平军更是如虎添翼，把洋鬼子们打得哭爹喊娘，没有还击之力。李秀成军队于是痛击敌人，又获得了一场酣畅淋漓的胜利，太平军此战总共斩杀了洋鬼子一千多人。这些从上海信心百倍前来增援的救兵们还没到嘉兴城就已经被天平军消灭了多半。本来就被困在嘉兴城内苦等救援的洋鬼子们得知救兵也遭到了不测之后，唯一剩下的办法就是向上帝祷告，静静等待末日的到来。太平军果然也没让他们失望，第二天，李秀成率军乘胜追击，一鼓作气攻下了嘉兴城，歼灭了城内的洋鬼子和驻守的清军，缴获了大量先进的武器装备。

李秀成留下了部分人马驻守嘉兴城，自己又随即率领大军向青浦进发。驻守在青浦的洋鬼子早已听闻了太平军的厉害，他们一看到浩浩荡荡开赴城下的太平军就马上关闭了城门，龟缩在城内不敢出战，只能消极地等待援兵。果然又有洋鬼子从松江走水路前来援助。这些驾驶着火舟的洋鬼子并没有意识到李秀成所率领的太平军已经将他们战友的先进武器统统缴获了，李秀成下令岸上的太平军将士架起收缴的火炮，瞄准洋鬼子的火舟开炮。船上的洋鬼子被炮弹的巨大爆炸声吓得魂飞魄散，他们的战船也起火了，洋鬼子们只得跳进水中，仓皇逃窜。守城的洋鬼子见到这拨救兵不得善终，越发害怕得厉害，但他们又不想坐以待毙，想来想去也就只有弃城逃跑这么一条出路了。

于是他们沿着一条小路逃亡，一路上战战兢兢，草木皆兵，甚至还有数百洋鬼子慌不择路，跳入水中逃跑。于是太平军不费吹灰之力就拿下了青浦。此后，太平军又顺带攻破了泗泾周围的清营十多座，又从泗泾一直攻到松江，至此，从太仓到松江的一百三十多座营垒全部被太平军所摧毁。太平军围着松江，对松江城外进行了清理，摧毁了城外的清营，最后只剩下了一座孤城，城中所有的清军和洋鬼子都不敢出动，只能龟缩在城中负隅顽抗，等待上海方面的援兵。这次上海方面依旧派出了一大堆洋鬼子前来救援。与前两次不同的是，这次洋鬼子们知道了太平军的厉害，做了充分的战前准备，用船装满了洋枪、洋炮和火药，摆出与太平军决一死战的架势。可是万万没想到，这支援军队伍也难逃厄运，被李秀成迎头痛击，抛下满船装备四散而逃。就这样，太平军喜获一整船的先进装备。这样一来，洋鬼子们越发忌惮李秀成带领的太平军，不敢再与太平军作战。有些运气不好的洋鬼子在逃窜的途中与太平军狭路相逢，也只能马上绕路逃走。正当李秀成力战力敌，包围松江，士气大振，攻下上海指日可待的时候，曾国藩率领他的湘军再次向天京发难。曾国藩部队从太平军失守的安庆沿江而下，一路上连克芜湖、巢县、无为、运漕、东西梁山、太平关，直至金陵，随即便将矛头指向了天京城。天王洪秀全因天京形势紧迫，急招李秀成回兵解救天京。

五月初八，李秀成率军从松江撤退，十一日，他在苏州召集慕王谭绍光、孝王胡鼎文、航王唐正才、相王陈藩武、听王陈炳文、纳王郜永宽等召开军事会议。会上，李秀成和他们一道分析了敌我形势，指出敌人从上而下，有水师的便利，在这方面太平军相比于敌军不占优势，而且水道也很难夺取。而且敌人初来乍到，正处在气势最盛的时候，不能强行与之争锋，应当先将苏福省的米粮军火等物资尽可能多地运往天京，做好长期守卫防御的准备。等过两年敌军面对坚固城墙斗志被消磨一空的时候，太平军再一举将它打垮。大家对这个方案一致赞同，认为是目前最好的解天京之围的方案了。于是李秀成就把这个策略上书天王洪秀全。没想到洪秀全得知此事后勃然大怒，下诏严厉地责备了李秀成："我连下了三道诏书让你率军来救天京，你为什么不抓紧发兵前来？你到底是想怎么样？你深受重任，还听令于我吗？如果你不听我的命令赶来，天国的法令都难容你！"从这封诏书来看洪秀全显然已经气急败坏，回救天京刻不容缓，李秀成只好将围困松江的太平军撤回，这样太平军第二次进攻上海功败垂成。看着唾手可得的上海眼睁睁地从眼前溜走，而且放纵它失守的还是自己人，李秀成感到痛心疾首，不禁流下了英雄泪。而险些攻占上海也成为李秀成军事生涯中最大的遗憾。

就在李秀成无奈准备率军撤退的时候，华尔洋枪队又死灰复燃，华尔带领着他所训练的华人兵士750人、英国水军350人、法兵200人、炮兵35人、携清榴洋炮5门、野战炮1门、火箭炮若干，全副武装，向上海附近的太平军驻地挑衅。驻守上海的太平军对英法联军的野蛮行径进行了英勇抵抗，用砖石水泥修建防御工事，一次又一次地打退了英法联军的进攻，但最后在洋鬼子们洋枪洋炮的火力之下被迫撤退。此战共折损了1300名守卫的太平军将士。华尔将被俘的太平军战士活活烧死，深深地暴露了他野蛮嗜血的丑恶嘴脸。

第五章　强弩之末

团结将领，愚忠天王

李秀成在洪秀全的逼迫下不得已舍弃了近在眼前的胜利果实，开始从松江撤退。其实从安庆解围失败后，洪秀全对于李秀成就不再信任了，加之李秀成手握重兵，洪秀全更是担心他会以兵权相要挟，怕他谋权篡位。虽然此后天王洪秀全的种种所作所为如分配兵权给陈坤书等都让李秀成心灰意冷，忍无可忍，但一生忠义的他仍然坚持效忠天王，对天王唯命是从。

李秀成在接到天王问责的诏书后，不得已放弃了先前与众将士开会议得的天京解围方案。6月25日，他又在苏州召集补王莫仕暌、堵王黄文金、襄王刘官芳、首王范汝增、来王陆顺德、奉王古隆贤召开军事会议，计划调集侍王李世贤等十三王军队回救天京。当时天王洪秀全采取的策略是强本弱枝，也就是把李秀成等手握重权的将领的部将都封了王，以分散李秀成他们的权力。在这种情况下，李秀成指挥队伍变得越发困难。因此，他特别在此次军事会议上强调，各个将领必须团结一心，才有可能获得这场战役的胜利。李秀成还把这次会议的经过印成了一本《会议辑略》，并亲笔写了一篇序文，并指示各军各位部将："如欲奋一战而胜万战，必须联万心而作一心。"李秀成为消除天王对他的猜忌，干脆把苏、浙两省的政权全部交给了手下的诸位将领，甚至把自己的母亲和家眷从苏州送回了天京。这一行为无异于把自己的母亲和妻儿送给天王作为人质，以向天王担保自己不会叛变。他对天王的愚忠，也表现出了他所做的任何一件事，都是为了太平天国上下的团结一心和繁荣昌盛。

李秀成在回救天京之前，还特意发布了告示安抚民心。他在告示中斥责清政府的所作所为天怒人怨，清政府的反动统治终将灭亡，而农民革命运动必将取得最后的胜利。除此之外，李秀成还恳请百姓们同心协力，对抗清廷封建势力："今值国中有难，还望协力同心，剿除妖孽，以副众望。"他在临行前还在苏州召开了群众动员大会，亲自向百姓们摆事实，讲道理。百姓一直以来对清王朝的残暴统治恨之入骨，对外国侵略军的丑恶嘴脸感同身受，都为李秀成忠君卫国的高尚人格所折服。劝谕百姓这一举动充分展现了李秀成的政治头脑，在他即将前往前线救援之际，也不忘维持大后方的稳定，他的一系列重要举措都保障了苏杭地区的平稳安定，这也为他解围天京打下了重要的基础。

欲擒故纵，剿灭船匪

太平天国后期，李秀成在苏、浙一带建立了政权。他首先对城中的清军败寇和地主恶霸等剥削阶级采取了招降的策略。在这种策略之下，太平军中混入了不少敌对分子，有清朝的残兵败将李文兵、何信义等人；有当地地主团练的头子徐少蘧、华翼纶等人；有恶霸匪帮费玉成、孙金彪等人，还有地主乡绅曹敬等。他们表面上向李秀成投降，归顺太平天国，背地里却与清政府暗通款曲，他们还试图在内部腐蚀太平军将领。于是就有天国内部的一些不坚定的人，受了苏浙繁华的腐蚀，开始变质。因此，当时太平天国建立起的苏浙政权其实是不甚稳固的。

这些伪降的反革命分子在他们盘踞的地方，倚仗自己的势力来保护地主并向农民收租。苏州共包含吴县、元和、长洲三个县，吴县、元和两个地方都没有欺压百姓，收租的唯独长洲由于大地主徐少蘧盘踞在此，才设有收租局。而常熟的东西南北四乡，只有南乡的粮局有专门的帮助地主收租的业务，其他三个乡都不敢如此。南乡敢迎风而上肯定是有所依仗，而他倚仗的正是混入太平军的当地地主乡绅曹敬。而周庄则被恶霸枪船匪帮头子费玉成的阴云所笼罩。这个土匪头子不只在周庄横行霸道，还派枪船到附近地区耀武扬威，以保护之名，行收租之实。他们还告诉当地的农民：你们这些租房子住、租田种的人，虽然你们现在的主人变了，但还总会有再变回来（指地主乡绅）的一天，你们还是要把作为租金的钱粮交给原来的主子，不得反抗拖欠。

在这些反革命分子所做的保护地主的勾当中，徐少蘧最具代表性。他在伪降太平天国后，获得了忠殿前检点的职务，之后又受封为抚天侯，攫取了长洲县的基层权力。全县的各种乡官，全部由他派授。太平天国在长洲设立的七军总局也归他掌握，甚至连长洲县的太平军佐将也得听从他的摆布。他在长洲县帮助地主阶级向农民收租，这一行为是完全站在地主阶级欺压百姓立场上的，他在帮助地主收取的田租中抽成，将这些钱财收进了自己的腰包。他对太平天国颁布的领取田凭后，所租种的田地中出产的庄稼全部为农民所有的规定视若无睹。按理说长洲作为太平天国统领下的苏福省中的一个县市，不应当还存在徐少蘧这种明目张胆向农民收取田租的人。那他为什么还能这样横行霸道，畅行无阻呢？其实原因还是要从太平天国劝降这些地主乡绅说起。原来太平天国所采取的招降政策，并不能真正解除这些反革命分子的武装，因此，太平天国为保政局以及社会的稳定，对这些随时可能再起来兴风作浪的地痞流氓头子们，只能给予一定程度的忍让。其实长期以来，苏州、松江、嘉兴、湖州一带的广大太湖地区，有一种恶霸、流氓组成的枪船，他们数目庞大，多则成百上千人，这些人在四里八乡开设赌场，还肆意在太湖上抢劫过往船只，为非作歹，为害一方。在太平军刚开始进攻这个地区时，有一部分枪船头子公开支持清政府，协助清军打压太平军。这些枪船匪帮由于常年在太湖水域作乱，对这个地域的水域环境非常熟悉，他们在复杂狭窄的水道中往来如飞，一时让太平军感到大为头痛，太平军甚至感觉这些驾着小船的匪帮比清军难对付多了。太平天国进驻苏、浙地区后，负责管辖这里的忠王李秀成是一个办事专讲策略的人。他早在率军攻城时就曾领教过当地枪船匪帮的厉害，知道他们熟知地形且船快人多，因此绝不能让他们被清政府利用从而成为太平天国的一大祸患，但他们的所作所为也叫李秀成他们恨之入骨。为了解决枪船大患，李秀成想出了欲擒故纵的妙计，也就是给这些枪船匪帮的头子封官，假装并不知道他们为非作歹的事实。获封爵位的广大船匪头子得意洋洋，明里归顺太平天国享受太平天国给他们的高官厚禄，暗里却继续与清政府勾勾搭搭，预备作清军反扑的内应。本就靠官爵笼络他们的李秀成对他们的小算盘洞若观火，但却继续装聋作哑，放任他们，给船匪头子们一种苏浙守将懦弱无能的错觉。就这样，这些船匪们逐渐放松了警惕，陷入了李秀成布下的圈套。直到李秀成要离开苏州回救天京之时，李秀成才开始收网。就在李秀成回救天京前夕，他一声令下，苏州、松江、嘉兴、湖州各地的军队同时行动，趁枪船匪帮不备，打了他们个措手不及。就这样一举消灭了毒害当地人民多年的枪船匪帮，解除了太平军后方的一大祸患。

对于大地主团练头子徐少蘧，李秀成更是采取了欲擒故纵之法。徐少蘧向李秀成申请准予地主继续收租，李秀成当下应允。他暗通驻扎在上海的清军，李秀成就佯装不知。他在太平军攻克杭州时，以为李秀成分身乏术无力回援苏州，就秘密约见了苏州的其他反革命分子，约定于十二月初五深夜兴风作浪，颠覆太平天国政权。一直在徐少蘧身边安插眼线对他进行严密监视的李秀成得到眼线报告的这一消息后，星夜兼程率军从苏州赶回，先头部队在十二月初五清晨就已经赶回了苏州城，盘踞在苏州城的反革命们见到归来的李秀成一时间吓了一跳，再不敢轻举妄动。当时人们都认为李秀成必定借势镇压以徐少蘧为首的反革命分子，但是他并没有。他在认真分析形势后发现徐少蘧在苏州颇有势力，此时并非将之根除的最佳时机。李秀成于是出兵镇压了城中其余的大部分反革命分子，对于徐少蘧的态度却一如往常，对他极尽安抚甚至称兄道弟，依然让他旗下的武装船只在太湖上畅行无阻。直到李秀成即将回救天京，才决定对徐少蘧秋后算账。于是李秀成差人叫徐少蘧来苏州见面，徐少蘧料想到要回天京的李秀成肯定是要收拾他，于是称病不能前往，李秀成就又以甜言蜜语对他进行了安抚。在李秀成回救天京一个月后，徐少蘧认为自己大展拳脚的机会又一次来了。他于是到常熟找到了叛徒骆国忠等人，与他们密谋再次尝试颠覆苏州政权。就在他们打算进入苏州城寻找太平军中内应的时候，李秀成又再次神兵天降，在未跟任何人知会的情况下秘密从天京赶回。这下徐少蘧谋反被李秀成抓了个正着。李秀成当即将他逮捕，又伺机而动，在常熟叛变时一举击溃了他的团练组织，之后不久就斩杀了徐少蘧这颗为害苏州的大毒瘤。

李秀成对待敌人善用计策，外柔内刚，外表柔和很好相与，内里却刚毅坚强，对待冥顽不化、无恶不作的阶级敌人就如同秋风扫落叶般冷酷无情，对待颇具才干的敌军将领却爱惜怜惜，是敌是友，界线清晰。

进北攻南，遭受重创

李秀成在接到天王严令后决定赶回天京救援。他安顿好苏州事务后，率军于9月14日从苏州出发，途经溧阳、溧水等地，抵达天京城南，另一路太平军则向秣陵关雨花台进军，由板桥进攻位于天京西南的清军营垒。从10月13日开始，向西南曾国荃的守军发起了猛烈的进攻。驻守在天京城中的太平军将士见援军赶到，一跃而起，奋勇出击。太平军前赴后继，痛歼敌人，甚至敌军主帅曾国荃的面颊都被太平军的流弹击伤。一时之间，湘军伤亡惨重。23日，李世贤也率领杭州的太平军部众前来支援。由于湘军死守营垒和沟壕，经过几天激战，太平军也未能建立起明显的优势，非但没能攻下敌军的营盘，还付出了折损众多兵士的惨痛代价。由于久攻不下，太平军将士的士气有所减弱，一时间攻势不似以往那般犀利，这也就给了曾国荃以喘息的机会，他又从外地调集军队来援。11月3日，太平军终于用炮将雨花台的湘军营垒轰出了两个大口子。太平军将士趁机发起总攻，涌入敌营，意图痛歼敌人，但湘军营垒中挖开了好几条战壕，湘军都趴在战壕中准备迎击太平军。敌暗我明，如此一来，冲入营垒的太平军马上就遭到了湘军暗算。这样激战了数日，李秀成也终于没能拿下湘军的营盘，直至 11 月 26 日，李秀成、李世贤见攻营没什么胜算，就分别撤军，另作打算。

这次太平军围攻曾国荃率领的湘军，虽然未能夺下营盘，真正解天京之围，但却也给了守军以致命一击。太平军将先前战功赫赫的湘军搞得焦头烂额、寸步难行，险些将守军逼上绝路。曾国藩经历过战事无数，面对这样的激战心情也难以平静，此战使曾国藩感到"心已用烂，胆已惊碎"。至于太平军始终没能攻克敌军营盘，主要原因在于李秀成军队回救天京是于八月自苏州出发，那时苏州的天气还十分炎热，为轻军减从，李秀成军队就没有携带过冬御寒的衣服。而他们赶到天京时已经十月，天气逐渐凉了下来，加之之后又猛攻了四十多天，将士们很难耐受如此的严寒，一时间战斗力下降了不少。除此之外，盘踞在天京城外的湘军部队借助水师运送弹药等必要的军需物品，得以打持久战，而李秀成军队则只能依靠陆运，不利于军需品的迅速补给。而此次战事失利实际上也有李秀成部队的主观原因。他们对于天王强行征召他们回救天京一事一直颇有怨言，在这种情况下，自然很难发挥出原有的战斗力。

李秀成没能如天王所愿攻破清营，天王洪秀全于是在大殿中当着文武百官的面明确责罚了李秀成，并革除了他的爵位以示惩罚。之后，李秀成想出了另外一个计策解天京之围，这个计策就是"进北攻南"。所谓"进北攻南"，就是从长江北岸进攻敌军位于长江上游的后方，迫使敌人不得不调派驻扎在南岸的军队去救援北岸，调派下游的军队去救上游，主要目的还是为了曲线救国，解天京之围。

李秀成于是率军北上，3月31日，到达巢县，打算进攻安徽北部。李秀成带领部队从巢县出发，进军江浦县。江浦县守军将领是原来太平军的部将李昭寿，他在投降清军后改名为李士忠。他自然不是李秀成的对手，不久便战败出逃，太平军就这样攻下了江浦城。4月9日，继续北上的李秀成在石涧阜遇到了曾国藩的驻军。老奸巨猾的曾国藩想出了加固营盘，严守不出战的计策，以拖垮太平军。曾国藩的计策果然奏效，太平军在连续进攻数日后仍不能有所斩获，而此时天公也不作美，数日之内连降大雨。瓢泼大雨使得军中瘟疫流行，很多太平军将士都被感染，一病不起丧失了战斗力。李秀成眼看着对方不出战而营盘又久攻不下，加之前来支援打算从太平军后背袭击的清军马上就要赶到，如果湘军与来援的清军合围，太平军便腹背受敌，必是凶多吉少。李秀成于是当机立断，从江浦撤军，率军向庐江、无为州进攻。这两处的敌人听说太平军来袭，一时间阵脚大乱，闻风丧胆。太平军于是借机截断了无为州清军的后路。此时无为州的清军守将李连捷接到了上方的指示，必须死守无为州。虽然李秀成率军对无为州展开了猛烈攻击，杀死了大量敌人，但仍旧未能迅速拿下城池。此时，曾国藩又调兵遣将前来无为州援助，李秀成见势不妙，不得不半途而废，放弃无为州，将进攻的矛头指向了庐江。5月6日，太平军对庐江发起了进攻，没过几天，清将鲍超又率军前来增援，李秀成又不得不率军撤退，改弦易辙，进攻舒城。这次终于击败了城中驻守的清军，于5月10日率军到达六安。

到达六安时，正是水稻未成熟青黄不接的时节。这时李秀成部队的军粮也已所剩无几，当地的居民家中也很贫困，根本没有余粮接济太平军，太平军面临着无粮可吃的窘境。万般无奈之下，李秀成只好从六安回军。5月19日，李秀成开始率领军队从六安撤退，撤退途经寿州，抵达寿州时发现周围三百里一片荒凉，几乎成为一座空城。原来是清将苗霈霖经常在此地为非作歹，他横征暴敛，为害一方，使得当地民不聊生。感到没了活路的百姓于是纷纷外逃，使得寿州人烟稀少，原本的沃野千里也变成了现在的不毛之地。太平军撤退至寿州时，军中粮草已然消耗一空，将士们只能以树根草叶为食，沿途很多兵士被活活饿死。经过几天几夜的艰苦行军，李秀成带领的太平军终于离开了寿州这个巨大的泥淖，到达了天长。

正在此时，湘军再次向天京城发起了进攻，天京城又险些成为湘军案板上的鱼肉。清将曾国荃率军攻破了太平军镇守的要隘雨花台，在巢县镇守的天国将领洪元春也被鲍超击败，被迫让出巢县，而令天京城形势越发危急的是，1863 年 5 月，英国著名的"吸血舰队"已经开赴上海，很快就要抵达天京附近的江面。在这种情况下，天京局势变得岌岌可危。洪秀全大惊失色，急忙派人火速征召忠王李秀成率军返回天京来救。

李秀成接到命令后，马上作出了撤退的准备，并随即带领将领再次回救天京。而缺粮仍然是困扰太平军的最大难题。在行军的过程中，太平军将士忍饥挨饿，历尽艰苦，终于在二十多天后到达了离天京二百多里的长江北岸附近。然而此时，更大的难题又摆在了将士们的眼前。在他们抵达长江北岸之前，天公不作美，连降了数日暴雨，汹涌而至的雨水淹没了长江以北的许多洼地，成为一片汪洋。而太平军每艰难地通过一处这样的沼泽，就不得不再击败盘踞在干地上的清军才能继续前进。而清军粮草充足，军备齐全，又拥有很多船只。对于忍饥挨饿、筋疲力尽的太平军来说，要击败清军的困难程度可想而知，于是每到一处旱地，都会有大量太平军将士英勇战死。然而太平军遭受的苦难还远没有结束，长江旁边的一条条小河也成为阻碍太平军前进的天险。太平军要过河却没有船只，只能游水过去，这无异于将自己完全暴露在敌军的枪口之下。枪炮不长眼，无数的太平军战士就这样魂归长江的条条支流。在面对波涛滚滚的长江时，李秀成率领的太平军将士更是面临了前所未有的困境。外国侵略者的船只已经几乎完全占据了天京城外的水域，凶悍的敌人在江对岸架起炮台，歼灭这些疲弱的太平军将士。

面对这样的不利情况，李秀成想方设法调集了船只，先让船只载着部分兵士强渡过江，在太平军渡江之时，和州、江浦、浦口、下关九洑洲等地都失守了，所有还未过江的太平军将士都在与敌军的交战中英勇就义。在此次进北攻南战略实施的过程中，太平军攻击折损了将士数万人，这给了已是摇摇欲坠的太平天国又一个致命打击。

若要论此次太平军进北攻南策略失败的罪魁祸首，其实既不是李秀成的带兵无方，也不是洪秀全的盲目征召，而是勾搭洋人丧权辱国的清政府！是运送大量物资扶植傀儡政权的外国侵略者！

放纵叛徒，苏州失陷

李秀成回到天京后，天王洪秀全加封他为真忠军师，留守天京，各王都归李秀成调遣。其实在李秀成进北攻南时，清政府与外国侵略者趁机联合向苏、浙两省发起进攻。清江苏巡抚李鸿章率领的淮军与英国侵略分子戈登率领的常胜军接连攻陷了太仓、昆山、吴江等地，进犯苏州。清浙江巡抚左宗棠率领的湘军与由法国侵略分子德克碑率领的常捷军围攻富阳，已经逼近了杭州城。李秀成回到天京后，苏杭形势告急，守城的李秀成旧部部将每天都派人加急送信前来找搬救兵。于是李秀成便去请求洪秀全允许他率军去苏、浙地区解围，但当时天京形势也很不妙，驻扎在城外的湘军将领曾国荃日夜攻击雨花台，使得天京中人心不稳。因此李秀成三番两次奏请天王前去救援都没能得到天王的准许。后来，太平军在苏浙战场上又连吃败仗，形势变得十分危急，守城众将日日派人前来天京求援。李秀成心急如焚，再次奏请天王，恳切地向天王晓以保住苏杭的利害。李秀成认为一旦苏州、杭州失陷，那么太平天国的粮食储备就将化为乌有，天京就将失去粮食供给，非常不利于日后的发展。洪秀全见李秀成去意已决，终于答应了他的请求，但还是向他提出了两个条件：一是要求他向朝廷捐款饷银十万两，二是李秀成在苏州只能待四十天，四十天期限一满，就要马上回到天京。李秀成回救心切，只能忍痛答应天王的无理要求。他把家中的各种金银首饰都凑作堆，凑齐了十万两，交给了洪秀全，然后率军离开了天京城前去苏、浙解围。

李秀成赶到苏州作战，当时苏州情况非常危急，高桥门已被曾国荃攻破，杨辅清弃城逃回东坝，李世贤也带兵绕往溧阳。在苏州，李秀成被当地的洋鬼子们缠得脱不开身，整天都在和洋枪洋炮打交道，而洋鬼子们利用苏州河流多的有利条件，用战船运兵与李秀成作战，而太平军恰恰最不擅长的就是水战，太平军虽然勇猛无比，但是一时间跟洋鬼子们也是难分胜负，当时苏州城内的太平守军郜永宽、汪安钧等八人，看到这般艰难的抗敌情况，认为太平军气数已尽，产生了反叛的念头，于是他们合谋刺杀了不愿意向清军投降的苏州守将慕王谭绍光，决计主动向清军出让苏州城。其实在这些叛徒叛变前，李秀成就已经发现了他们叛变的苗头。他对叛徒们说:"如今我们主上蒙尘,我也没法留住你们,你们如果对天国有了二心,我也算朝中有名的将领,你们怎么敢瞒住我前去投敌呢?"叛徒们这样回答李秀成:"忠王大人请放心,我们万万不能忘恩负义,我们自当兵就是蒙您照顾直至今日,谁敢有二心,如果有二心的话,也不会与忠王大人同甘共苦那么多年了。"其实李秀成也知道这些叛徒们说的只是场面话,但他因为与这些叛徒们相识多年,念及这些年的情分,再加上他们曾立有很多战功,不忍诛杀他们,而是心怀侥幸地希望这些叛徒能够自己放弃叛变。但是叛徒们反心已决,于是苏州城终于还是被叛徒们拱手让出。在苏州城失陷一事中,李秀成姑息小人,难辞其咎。李秀成自己也是追悔莫及:"我见到形势如此,却没有严格地以军法惩治,就知道死期将近了。"

竭智尽忠,死守天京

苏州城失陷后,李秀成退守丹阳。这时候,太平天国上下一片兵荒马乱,天京城由于长时间被围困,城内的粮食供应也是朝不保夕、岌岌可危。在这种情况下,李秀成认为不应该继续守卫天京,于是决定回天京劝天王撤退。那时他的堂弟侍王李世贤正驻守在溧阳,听闻兄长要回天京,于是马上前往丹阳劝李秀成另作打算,不要再回天京了。李秀成不听弟弟的劝告,坚持要回天京。李世贤于是又征召了部队前来,打算逼李秀成去溧阳，阻止他回京。李秀成得知此事后，就轻装简从连夜赶回了天京城。在到达天京后第二天，他就上殿告知天王洪秀全天京已经不能再守了，应当改变战略立即放弃天京，取道江西，绕过湖北，与陈德才的军队会和，据西北以图中原。他竭智尽忠，费尽心力向天王晓以利害，痛切陈词，甚至请死于殿前，以说服洪秀全。但洪秀全一意孤行，断然拒绝了李秀成的请求，并以十分犀利不中听的言辞斥责了李秀成。李秀成感到非常灰心丧气，甚至动了自戕的念头，他含泪走出大殿，忠臣感念于他的忠心耿耿，纷纷劝慰他。第二天，洪秀全自己也觉得自己前一天的所作所为有点过分了，于是专程脱下龙袍前去劝慰李秀成。李秀成为多照顾年迈的母亲，不得不暂时留在天京。就这样过了一个多月，李秀成打算离开京城，此时天京城内人心不稳，洪秀全怕李秀成一旦离京，城中将会更加风雨飘摇，于是不想让他走，满朝文武大臣也苦苦哀求李秀成留下。当地百姓听说忠王要离开京城，越发感到没了安全感，都涕泪横流地求李秀成留下。此情此景令李秀成深受感动，百姓和官员们盛情难却，李秀成只好继续留在天京城内驻守。

李秀成回天京的时候由于害怕堂弟李世贤的阻挠，并没有率大军前来，只带了几个亲密的随从。这就导致李秀成在京城中只有很少的兵马，大多数能供他调遣的人，是原来的部将们留在京城中的家属。李秀成就将这些家属们凑成一队，若是京中出现险情，就马上前去救援。但是此时洪秀全已经沉迷于自己的权势，不再过问政事，将京中的一切事务都交给了自己的本家洪仁达，这就无异于架空了李秀成，于是李秀成在京中一时间无事可做。

天京城被湘军围困已久，原本天京重要的粮草供给地苏、浙地区也接连失守，粮食短缺就成了摆在太平天国面前的最大难题。城内的军民因为无粮可吃而被饿死的不在少数。李秀成将此要事报告天王洪秀全。洪秀全对此事的解决办法就是下令要求全城军民多准备"甜露"。"甜露"并非什么奇花异草珍馐美味，只是地上长的各种野草。洪秀全迷信地认为"甜露"是上帝赐予摆脱饥荒的灵丹妙药，不仅能够果腹，吃了还能长生不老，然而事实当然并非如此。迷信"甜露"的洪秀全，非但没有长生不老，反而因此身中剧毒，之后不久就病死在了天京，时年52岁。而陪伴天王走完人生最后一程的，正是李秀成。洪秀全中毒而亡前，李秀成见百姓饥寒交迫难以度日，就派人前往救济灾民，给灾民发放粮食米面。而洪秀全见到如此疼爱军民的李秀成，却说他意图收买人心，加害自己，图谋颠覆天国政权。李秀成得知洪秀全的这番话后，深感痛心疾首。但李秀成一生忠心耿耿，此时更是忍辱负重，虽然遭到了洪秀全的怀疑和羞辱，却仍然在他的病榻前陪伴他，直到天王去世。

虽然先前李秀成曾经放粮赈灾，但也难从根本上缓解粮荒的窘境，于是李秀成一声令下，要求守城的官兵打开城门，允许老百姓出城自谋生路。不到一年时间，从各个城门逃离天京的百姓多达十三四万人。一开始，各个城门关隘都有洪秀全的亲信把守，他们将出城百姓所带的金银细软全部掠夺一空，还将百姓乱刀砍死，致使一时间人心惶惶。李秀成得知此事后，非常气愤，当即处死了几个鱼肉百姓的守军，以此杀一儆百，果然，此后百姓们便可以平安出关了。

　　曾国荃花了六个多月时间，终于在 1864 年 11 月挖通了通向天京南门的地道。地道一直延伸到天京城外的墙角下。曾国荃派人在墙角处放置了大量的炸药，炸开了天京的南门。湘军从炸开的缺口处蜂拥而入。城中的太平军将士奋起反抗，血战了数日才保全了南门。自此之后，城外的湘军兵马日益逼近了天京城。

第六章　将星陨落

临难让马，舍命救主

洪秀全病逝后，曾国荃再次加紧了对天京的进攻。城内军民一时六神无主，不知如何是好。国不可一日无君，在这种危急的情况下，洪秀全的长子洪有福登基即位，以安抚陷入焦躁的城中百姓和官员。洪有福登基后，情况却越发不容乐观，漕粮不济，突围无望，天京内一时间人心惶惶。而此时对于围攻天京的曾国荃来说，感觉拿下太平天国已无异于瓮中捉鳖。曾国荃于是继续派兵围攻天京，到处挖战壕，挖地道，从东挖到西，从南挖到北。湘军在挖地这件事上表现出了惊人的毅力，但这种机械的体力劳动带来的效果确实不错，天京内一时间危机四起。太平军将士不想看到先前为之奋斗多年的太平天国一朝倾颓，只能苦苦支撑。

6月6日早上，李秀成见情况十分危急，知道天京城在湘军的攻击下已经是危在旦夕了，于是急忙抽调城内的一队精兵作为先锋，前去攻打曾国荃的营寨，以缓解天京城的压力。结果李秀成的精英小分队终究还是寡不敌众，没能攻下曾国荃的营盘。第二天，曾国荃派兵炸开了紫金山龙颈一带的城墙，守在城外的湘军一拥而入。李秀成率领将士们奔向缺口，向攻入城中的湘军投掷火药，就这样消灭了敌人的先锋部队，然而一队队湘军如潮水般从城墙上涌来，太平军双拳难敌四手，加之连日来果腹不能，接连败退。曾国荃见太平军无暇顾及城门，便趁势命令湘军从四面城门搭起云梯强攻入城。就这样，湘军攻破了天京除中关门外的全部城门。守城的太平军将士伤亡惨重，还有不少贪生怕死的就这样投靠了清军。驻扎在东边太平门附近的李秀成军队也难逃厄运，战败后被迫撤回朝中。此时，幼天王洪有福和他的两个兄弟前来向李秀成求援。虽然李秀成已自身难保，但还是决定尝试带幼天王杀出重围，临难救主。

幼天王洪有福仓皇之间并没有骑马，李秀成只好将跟随自己数年以强壮快速著称于世的雪白战马让给他骑，而自己只能骑一匹病弱的劣马。李秀成即将带领幼天王逃亡，临行前专程赶回家与自己的老母亲告别。李秀成是个远近闻名的大孝子，非常孝顺他的母亲。然而在忠孝不能双全的情况下，李秀成选择了效忠自己的国家。李秀成赶回家中，与家人作别，面对这次生离死别，李秀成全家人抱在一起，涕泪横流，依依不舍。

离别的时刻终于还是到了，李秀成擦干眼泪，跨上劣马。

率领兵士们保护幼天王上清凉山上暂时躲避清军的追击。在出天京城的时候，李秀成假扮清兵，一马当先，带头冲锋，向守卫太平门缺口的清军展开突袭，杀出了一条血路，李秀成带领的兵士中，共有一千多人冲出了天京城。李秀成于是将他手下的兵士分为两队。前卫队负责护卫幼天王迅速逃跑，他则率领后卫队抗击后面前来追击的清兵。正是得益于李秀成出让的良驹一日千里，幼天王才得以在清军的虎口下侥幸逃脱。而仅有一匹劣马的李秀成就没有那么好的运气了，身后的清军一直在马不停蹄地追赶他，每通过一处清军的兵营，清军都会向他发射炮弹，处处喊杀声不绝于耳。李秀成与敌军血战了一天一夜，终于由于劣马的体力耗尽不能继续行进而掉了队。

百姓掩护，无奈被俘

到了天亮的时候，李秀成身边就只剩下两三个人了，两三个人自然无力再与清军对抗。李秀成于是只能到附近一座山的山顶破庙内暂时躲避。他把临行前带在身上的金银财宝吊在一旁的树上，自己脱去衣服在旁边乘凉。

当时住在山脚下的贫民得知天京失陷，认为一定会有从天京城中逃出来的人躲藏在山上。他们想着借此发一笔横财，于是便上山搜寻。李秀成此时正在山顶乘凉，忽然见得一群人向山上走来，他以为清军追击至此，一时间大惊失色，顾不得拿起先前挂在树上的宝物就要仓皇逃跑。众人见他逃跑，就边追边喊："你把身上的钱财交出来，我们就不要你命，放你一条生路。"贫民们追近一看，才发现他们追的人原来是忠王李秀成。这些贫民在逃出天京城前曾屡次蒙受李秀成恩惠，得到过他的帮扶救济。贫民们曾以为再也见不到忠王大人，没想到此时又在此山顶相见，一时间百感交集。大家于是一齐向李秀成跪下，痛哭流涕。李秀成见人民对他情深至此，还要靠上山打劫过活，便动了恻隐之心，便和众人一起返回先前藏身的破庙，没想到正在这帮人追着李秀成下山时，又有另一帮人来到破庙前，把挂在树上的珍宝偷走了。乡民们为了掩护李秀成安全逃脱清军围捕，就劝他把头发剃了。李秀成不愿意，大家就劝他说："忠王大人如果不愿剃头的话，沿途有很多清军设下的关卡，很难顺利把你送出去。"李秀成却认为自己身为太平天国的要员，现在已经国破主亡，就算被清军发现抓回清营中，也不过就是一死。但如果还能留着一条命逃出去，却把头发剃掉了，这样难以面对自己手下的兵士。众人于是苦苦哀求，李秀成实在拗不过这些乡民的好意，只得把头发剃掉一些。乡民们便把李秀成秘密地藏了起来。他们认为把李秀成藏起来就万事大吉，就又把主意打到了李秀成丢失的宝物上。他们找到了拿走李秀成珍宝的人，要求跟那帮人平均分。捡到宝物的人对他们说："这种宝物只有太平天国的大头目才有可能拥有，你们来找我分这些宝物，就说明那个大头目必定就在你们那里。"双方于是因为这些宝物起了争执，后来这件事传到了附近驻守的清军耳朵里，清军见到宝物后认出它们正属于李秀成，李秀成就这样被清军逮捕了，被送到了曾国荃的军营中。

从容就义，顶天立地

曾国荃作为曾经李秀成的手下败将，对李秀成可谓恨之入骨。他先前率军攻打天京城时，正是李秀成率军死守，让他围攻数月，久攻不下，挖地三尺才勉强奏效。曾国荃先前对李秀成可谓求而不得，现如今真人就站在他面前。曾国荃一时间情难自抑，他于是操起针锥，像条疯狗般向李秀成扑来，在他身上一阵猛刺。就这样曾国荃还不能解恨，又命令刽子手凌迟李秀成，把李秀成身上的肉一片片地细割下来。然而李秀成非但没有被这般酷刑吓到，还挺起胸膛痛斥曾国荃："曾九！我们各为其主，你生什么气？胜败无常，你今日偶然得逞，就发疯了吗？"曾国荃泄愤后，不敢直接将李秀成处死，于是差人做了一个木笼子，把李秀成关进了笼子里。

1864年7月28日，曾国藩从安庆赶回南京，亲自审问李秀成，并叫李秀成把他生平的主要经历写成一个自述。李秀成为拖延时间，伺机逃跑，就开始按照曾国藩的要求每日撰写自述 。就在李秀成写自述的第八天夜里，李秀成又一次和曾国藩进行了谈话。这次，李秀成建议曾国藩反抗清政府的统治，自己称帝。李秀成这是把曾国藩看作《三国演义》里的钟会，要用姜维的假投降计去引诱曾国藩，以图恢复太平天国。当时曾国藩手握

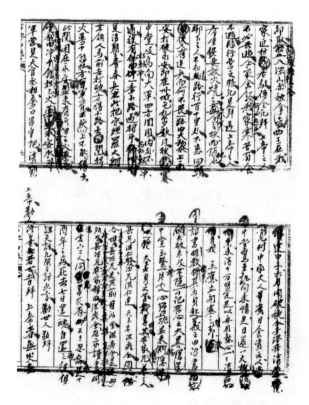

李秀成亲供手迹

重兵，长江上下几乎一呼百应。但老奸巨猾的曾国藩由于考虑的事情太多，并不敢起兵谋反，也就因此没有中李秀成的计。他和幕僚根据过去对李秀成的了解和当时对李秀成的观察，认为李秀成是一个足智多谋，非常狡猾难对付的人。曾国藩于是决定马上诛杀李秀成，以防止夜长梦多。

当曾国藩派人通知李秀成今天将要杀他时，李秀成仍然在写他的自述。李秀成知道自己的计谋落空了，但对于即将被杀这件事也并不惧色。他认为自己已然尽人事，人事不成也只能听天由命。那天傍晚，他自己走向了刑场，谈笑自若，慷慨赴死。临行前，他还写下了一首绝命诗，叙述了他竭智尽忠，一心光复天国的志向，这首诗也是李秀成一生金戈铁马的最好注脚。

李秀成在他的绝命诗中说：

> 举觞对客且挥毫，逐鹿中原亦自豪。
> 湖上明月青篛笠，帐中霜冷赫连刀。
> 英雄自古披肝胆，志士何尝惜羽毛。
> 我欲乘风归去也，卿云横亘斗牛高。
> 鼙鼓轩轩动未休，关心楚尾与吴头。
> 岂知剑气升腾后，犹是胡尘扰攘秋。
> 万里江山多作垒，百年身世独登楼。
> 匹夫自有兴亡责，肯把功名付水流。

第七章　西风东渐

西洋美酒，奇技淫巧

太平天国运动作为一场打着宗教旗号的农民运动，其实参与者的文化水平普遍较低，这也就给他们学习西方的先进技艺提供了主观条件。因为文化水平低，他们相比于清王朝那些秀才文士，更愿意放下身段，跳出传统文化的桎梏，接受来自海外的近代化技艺。

对一种文化的认同往往源自物质文明的吸引。太平天国也不例外，他们首先接触并被其深深吸引的正是来自西洋的美酒。其实在太平天国早期，饮酒是被严令禁止的行为，洪秀全曾在他的"原道救世歌"中将饮酒列为"不正"之事："即如好酒亦非正，成家宜戒败家汤，请观桀纣君天下，铁统江山为酒王。"他在这首歌谣中以桀纣两朝昏君的亡国经历告诫太平天国诸将酒是穿肠毒，酒是迷魂汤。但其实，过去洪秀全本人酒量非常大，也时常饮酒助兴。有一天他幡然醒悟道：用蒸粮食的方法酿成酒，这样既浪费了可以填饱肚子的粮食，又得到了一种对人们来说没有益处，只有贻害的饮料。洪秀全于是在1844年到达广西后彻底戒酒，并且以拜上帝会教主的身份约束教徒不许饮酒。在组建太平军后，禁酒令被提升到了政策军规的高度，洪秀全号召太平军将士："要炼好心肠，不得抽烟饮酒。"在太平军的全部军令中，此条的受重视程度处于第三位，仅次于"恪遵天令"和"熟识天条"。

在禁酒这一点上，东王杨秀清与洪秀全持相同的观点。1854年，杨秀清颁布了《东王杨秀清通令朝中军中人等禁酒诰谕》，在这一纲领性文件中，杨秀清明确表示：喝酒最容易让人性情大乱，如果有人犯了饮酒的禁令，告发的人可以被封赏为丞相，并将喝酒的人斩首示众；并且无论王亲贵胄还是贫民子弟，但凡犯禁者，必究其责任。可见太平天国早期，对饮酒是多么地深恶痛绝。一时间，太平军中闻酒色变，并以"潮水"一词作为隐喻，指代令人垂涎却会要人性命的琼浆玉液。当时香港的维多利亚主教听闻此事后，对太平军的严明军纪啧啧称赞，认为他们以一种远超过清教徒的严谨精神，对耶稣十诫中的十条规范身体力行；并且对十诫中的戒律给予了更详细严明的解释；他们以一种不容许有半点出入的决心，来痛斥和革除饮酒、吸烟、赌博等上帝认为不可取的行为。

然而太平天国后期，由于清军的围攻力度大大加强，太平军将士们每日疲于四处应付清军，导致军纪出现了松动。加之天京事变后，朝内纲纪紊乱，不少人也被太平天国的繁荣景象麻痹了注意力，放松了对饮酒的警惕。在英国驻沪领事馆翻译官富礼赐的《天京游记》中，记载了在忠王李秀成府邸的一场堪称奢华的酒宴：晚上八时开始进膳，菜式非常丰富，鸡鸭鱼肉一应俱全，还有两瓶瓶口用纸塞住的来路雪莉酒，一壶由银壶所装的酒性猛烈的天酒。席间各位大人都爽快地喝了这些酒，在座的各位客人都是忠王的弟弟李明成请到的，显而易见太平天国的高级将领间并不遵守天王洪秀全定下的禁酒令，在宴席上大家都开怀畅饮。洋酒在宴席上很受欢迎，装天酒的银壶也一再斟满。其实此时的太平天国，非但饮酒已经公开化，造酒业也随之兴旺发达起来。"天酒"就是一种太平天国自酿的国产酒。然而开公开饮酒风气之先的绝非忠王李秀成，而是干王洪仁玕。洪仁玕其人非常恋酒，当天王下诏禁酒时，他居然恳求天王特许，自称如果没有酒就食不下咽，天王也就因此答应了他的请求。洪仁玕的儿子更是阳奉阴违：他一边说着不能饮酒，饮酒触犯天条，一边还让人去买了一瓶酒，而且在当时的天京城，有酒卖的地方绝不止一处，当时天京城就有人专门在做造酒的生意。

对于某些目不识丁的王爷来说，他们最初学到的英文单词可能就是这些洋酒的名字。虽然天王表面上已然对饮酒一事令行禁止，但无奈上有政策，下有对策。一些平时在战场上带兵打仗时头脑并不灵光的王爷们此时却是文思泉涌，跟天王玩起了文字游戏。他们的主张是：天王不是明确下达了禁酒的诏令吗？可是诏令中提到的只是不许饮酒，并没有说不许饮洋酒啊。喝洋酒肯定不犯法，再说洋酒又不是粮食酿造的，而是葡萄等各种果子，即使喝了洋酒，也不会浪费粮食。太平天国的王爷们就这样企图偷换概念，蒙混过关。自此，太平天国的高官将领们对洋酒这种新鲜的舶来事物上了瘾。李秀成的胞弟李明成，曾经得到了富礼赐赠送的六瓶洋酒。喝完这六瓶酒后，李明成还是感觉不尽兴，他于是又写信前去索要，并且在信中对富礼赐说如果没有就请他帮忙代购也行。李明成在群星璀璨的太平天国中实在上不了台面，他虽然也时常领兵打仗，但他打下的败仗非常多，最后走投无路投降清军后被清军处死。他的传世文字或信函不是托人帮他买酒，就是托人修理他的外国金表。如此既表现出了他对西洋器物的崇尚，也表现出了他贪图享乐不务正业的一面。

李秀成的妻舅宋永祺也是个贪杯之人。就在天京城被攻破之前，他受到了清政府花言巧语的蒙蔽，决定向清政府投诚。他决心自己投降还不够，还要拉上李秀成一起。于是他就连夜写信给李秀成，让他跟自己一起投降。但他在一场大醉后无意间说出了投清之事。与他共同喝酒的人都感到非常震惊，并马上将此事上奏。而那封被送进天京城的劝降信也根本没能送到李秀成手上。当时洪秀全见天京岌岌可危，生怕将领们投敌导致天京失陷，于是对将领们往来的书信密切监视。正好这封劝降的信件就被天京城内的守卫截获了。守卫看过信件后，发现居然是忠王的妻弟来劝降忠王的，一时间大惊失色，把这件事告知了天王。天王得知此事后大为光火，把宋永祺投入了监狱，而被卷入此事的李秀成论罪也理当斩首，但是天王念及他先前对天国忠心耿耿、战功赫赫，加之满朝文武都来帮李秀成说情，这才使李秀成得以侥幸逃脱这一无妄之灾。从宋永祺的作为来看，太平军中因饮酒误事的应当也不在少数。

随着太平天国的不断壮大，天国领袖有了越来越多接触洋人的机会。太平军将士对于西方"长技"的兴趣日益浓厚，引进西方先进器物、技艺的愿望也越发强烈。天国上下对于欧洲生产的物品充满兴趣，在天京城中随处可以买到外国生产的八音盒、手套、雨伞、洋枪和钟表等物，其中犹以钟表最受人喜欢。经常可以见到一些很好的外国钟表在南京街上出售，每块两块半大洋，而且几乎每条街上都有钟表修理店。

特别值得一提的是，在太平军的高级将领中，有不少人已经开始主张学习西方的先进器物技艺。根据加入太平军的英将吟唎所说，他所熟悉的干王、章王、忠王、忠王的儿子茂林以及其他几位首长，在太平天国后期都开始学习英文，其中几位高官甚至对地理、机械等学问非常熟悉，还收藏了很多关于西方文化的图书，并且还经常研究这些学问。

然而太平天国学习西方长技的愿望，由于外国侵略军逐渐撕下了自己意图侵略中国的伪装而宣告破灭。再加上清政府对于太平天国的严酷镇压和打击，天国内部的将领们本身文化水平较低，综合种种原因，太平天国的近代化之路并没能走通。他们所引进的西方先进器物技艺，主要就是八音盒、钟表、望远镜等小物件。除此之外，特别值得一提的就是太平军在西洋枪炮弹药等武器装备铸造方面所取得的成就了。

洋兄洋弟，洋枪洋炮

在外国侵略者联合清政府对太平天国运动进行武装干涉的同时，也有一部分良知尚存的外国人加入了太平军的队伍。太平天国的领导人们将参加革命的外国友人称为"洋兄弟"。根据史料记载，太平天国中的外国军人有数百人，仅在忠王李秀成手下供他管辖的洋人志愿军就有200人左右。这些人来自欧洲、美洲、澳洲、非洲等处，其中又以来自非洲的战士为最多，有五六十人，而其余来自欧美国家有姓有名，有事迹可考的共有13人。这些洋人的参与，太平军不再仅仅是一支只靠大刀长矛与敌人展开近身肉搏的农民武装，使得这次大规模的农民起义显得有声有色，蔚为壮观。

而英国人吟唎正是这支太平军中的洋兵洋将的代表。吟唎13岁起开始在船上当学徒，17岁通过考试成为二副。吟唎于1859年夏天随"埃缪"号船来到香港，成为香港英军司令部的一名海军下级官员。吟唎到达香港后，对中国人的生活产生了浓厚的兴趣。第二年春天，太平天国在天京外围打垮了清江南大营，并乘胜追击攻克了常州、苏州和嘉兴，并紧接着开始进攻上海。太平军取得的这一系列重大胜利，一时间在中国上下引起了轩然大波。这也越发激起了吟唎对太平天国的兴趣，于是他决定辞去自己在海军中的职务，另谋一份不受拘束的自由职业，从而更好地观察太平天国的情况。他在一艘中国商人的小轮船上当大副，而这艘船的船长也是他的一个辞去军职不久的同僚。这艘轮船要航行到上海附近的太平天国统治区收买蚕丝。

于是在 1860 年秋天，吟唎偕夫人玛丽驾驶轮船并带了约 4 万两银子向太平天国统治区驶去。一进入太平天国辖境，吟唎就看见了防守边境的军士们彬彬有礼，严整肃穆的气氛与他曾见过的清军截然不同。天国中的百姓都穿着很好的衣服，商店里摆满了各地的货品，处处都是一派兴旺的景象，而最令人震惊的还是城中没有乞丐。正值收获时节，很多人都在田间地头劳作，脸上洋溢着收获的喜悦。太平天国中生机勃勃的景象和太平军昂扬的精神面貌给吟唎留下了很好的印象。就在吟唎停船靠岸采购生丝期间，他花费了大量时间观察太平天国的日常举动，几乎每天都要上岸到乡间散步，到农家座谈，还与很多中国人成为朋友。经过周密考察，吟唎终于得出了与清政府相比，太平天国才是一支正义力量的结论。

吟唎是一位极富正义感的英国人，他为太平军的骁勇善战以及太平天国中的繁荣景象所折服，为英国政府和清政府的倒行逆施感到不齿。于是，他萌生了想要加入太平军的念头。在朋友的

外国人眼中的太平军战士

帮助下，他来到了苏州，并在不久之后大胆地前去拜见了当时威名远扬的忠王李秀成。那时候，李秀成刚从上海受挫回到苏州。他的部下有数百人死于英国侵略者之手，他的脸也被英军的洋炮擦伤了。尽管如此，李秀成还是对前来拜见他的英国人表现出了十足的友善。李秀成不仅亲切接见了呤唎，还让他住在自己的忠王府里，享受最好的待遇。李秀成还向呤唎说明了太平天国的情况，并抨击了英军对中国内政的干涉。就此，呤唎彻底明白了欧洲社会中所宣传的太平军黑暗扭曲的形象是被刻意歪曲的。在离开之前，呤唎向李秀成表达了加入太平军的愿望。李秀成思考再三，授予了呤唎一个荣誉军衔，并颁发给他一个通行证，凭借这个通行证，他可以自由往来太平天国辖区。呤唎效忠太平天国后，就到上海和其他清朝统治区去为太平天国采购欧洲军火和粮食。当时欧洲军火在清通商口岸可以买到，但这些军火被严禁供给太平天国。一旦发现为太平天国采办物资的人，就马上将他处死。1861 年夏天，呤唎亲自来到上海，找到了很多拥有欧式大木船、宁波船以及其他江船的欧洲朋友，向他们宣传太平天国的宗旨，激发了他们对太平天国的好感和同情，并鼓动他们用实际行动支持太平天国革命。之后他便与这些外国朋友一同将船开到了扬州仙女庙购买粮食，运到太平天国属地。

这些外国军人在之后的战事中也表现得英勇无敌。呤唎作为一名外国军人，曾在太平军中带领炮队出征，但他对太平军作出的更大的贡献是为太平军训练军队。他以他曾在英国部队服役的经验教给太平军用洋枪洋炮的方法，他还为太平军发明了一种土洋结合的阵法。1863 年，天京雨花台失守，天王急诏向皖中进军的忠王李秀成部队回救，李秀成率军赶回浦口。此时，呤唎正奉命协助守卫九洑洲要塞，他把停泊在天京的欧美商人组成了一支志愿军队伍，努力保卫九洑洲要塞，在接到李秀成前来支援的报告后，呤唎立即将自己率领的船只开去为李秀成带领的太平军打掩护。九洑洲要塞是保证天京和浦口两岸交通的要塞，是周边地区接济天京的咽喉，清廷为了控制长江水道，断绝太平天国的后路，就集结了成百上千的炮船与太平军展开了恶战。呤唎与守卫炮台的将士们奋起反击，使得清军伤亡惨重。九洑洲要塞失陷时，呤唎的夫人和好友都不幸在战争中牺牲了。不久之后，呤唎从失去亲友的痛苦中振作起来，奉命潜到上海捕获敌人战船。当时戈登率领的洋枪队联合清军在苏州攻打太平军正急，呤唎此行的主要目的就是为了缓解太平军正面战场的压力。呤唎最终在极端不利的情况下凭借自己的聪明才智从敌军手中抢到了一艘船头架有一门 32 磅旋转炮，船尾架有一门性能良好的 12 磅榴弹炮的大型炮船，船中军火弹药极为充足。太平天国于是将这艘船命名为"太平"号，由呤唎负责统领。呤唎俘获的这艘轮船，在之后保卫无锡的战役中，发挥出了巨大的威力。智取敌军炮船一事引起了清政府的高度重视，他们开始派人严查呤唎的一举一动，使得呤唎不能再继续活动，而此时，呤唎的好友，同为太平军中洋将的怀特被捕入狱，并以暗助"逆匪"罪名监禁三年。这件事给了呤唎很大打击。最后，呤唎决定返回英国。在呤唎离开中国前后，清军和英军一直在密切监视着呤唎的行踪。呤唎回到英国后，满怀热情写下了50万字的《太平天国亲历记》，他在书中引用了丰富详实的资料，讴歌了太平天国革命的不朽功绩，中国人民将永远记得这位来自英国的将领曾立下的赫赫战功。

忠王李秀成其实怀抱着一个未竟的洋务梦。如果不是国政杂乱如麻，清军与太平军连年混战，李秀成本应在现有的"农民领袖"这一头衔之上，还有一顶"洋务先驱"的桂冠。根据了解内情的太平军中的洋兄弟的观察：李秀成具有为太平天国"输入欧洲的科学和工业"的殷切愿望，他的理想是在太平天国疆域内建立"自由和现代文明"。

李秀成和洪仁玕虽然分属于不同的政治派系，彼此之间也没有什么感情可言，但他们都对洋务非常推崇。中国近代最早的洋务派实际上并非建立安庆军械所的曾国藩、李鸿章、左宗棠，而是比他们更早的洪秀全和李秀成。洪仁玕在太平天国的主要政绩其实都集中在他的著作《资政新篇》之中。该书虽然充满了农民阶级的柏拉图色彩，但也展现洪仁玕对西方文明的追求和崇尚，这源于他在香港流浪时看到的西方物质文明方面，从而大开眼界。而忠王李秀成则是在他的军事实践中，亲身体会到了西方坚船利炮的巨大威力。在他的宣传推广之下，很多太平军将领都意识到，打倒洋鬼子的最好办法就是"以彼之道，还施彼身"。毕竟大刀长矛显然不能跟射程长、威力大的洋枪洋炮相提并论。当时,太平军已经将手持千里眼(单筒望远镜)应用于实战之中了。除此之外,太平军还承担起了中国武器史上由冷兵器向热兵器转折的重任。据《太平天国亲历记》记载,当时太平军中除了有中国特色的冷兵器弯刀、长矛、弓箭等,还有左轮手枪、滑膛枪、双铳枪、来复枪、后膛枪、火绳枪等西洋舶来品。这些武器装备大大提升了太平军的战斗力,兵强马壮的太平军也让敌人闻风丧胆。

随着太平军武力的不断增强,将士们开始使用在先前战事中缴获的热兵器进行自我武装。李秀成在他被捕后的自述中说,他曾多次与洋枪队展开恶战,仅仅青浦战役一次,就杀死了洋鬼子六七百人,缴获了洋枪两千余支,大炮十余座以及洋人船只百余条。他们还曾缴获了洋枪队的两艘炮船"高桥号"和"飞而复来号"。其中,后一只炮船正是吟唎前往上海为太平军抢来的。太平天国中的诸位统帅都将洋枪洋炮视为军队建设的最大资本。其中,就属忠王李秀成实力为最强,他带领的部队洋枪洋炮数量也最多,仅仅他在苏州的嫡系部队就配备了30000 支洋枪,其中四分之一的将士佩戴新式步枪和来复枪。他的 1000 名亲兵部队全部配备来复枪,而在地方上,仅李明成守卫江苏吴江时,一万人的部队就配备了 2000 支洋枪。听王陈炳文在江西叛逃时,部队中共有洋枪 7000 支。

除此之外,太平军还利用各种途径试图向洋人采购军火。由于清政府联合了洋鬼子有意剿杀太平军，太平军很难通过合法途径买到军火，只能通过走私这一个途径。除了托同情太平军的洋人购买之外，军火生意还做到了敌方高级将领身上。"洋枪队"的头领白齐文和指挥过"常胜军"的戈登拿着清朝的俸禄，表面上对太平军百般刁难，暗里却为了个人利益出售军火给太平军。除此之外，太平军还雇佣洋人训练军队。对于常年征战的太平军来说，购买军火的支出实在是一个巨大的无底洞，并且在清政府的弹压之下，购买军火变得越发困难，太平军面临着有钱没处花的窘境。在这种情况下，李秀成意识到了自主制造枪炮的重要性和紧迫性。于是，李秀成在苏州、昆山雇佣工匠尝试修复战事中收缴的敌军的军火，并要求工匠尝试根据收缴的军火仿造新的武器。太平天国原有专门生产火药的机构"硝粉营"，随着修理枪械工作的日益繁重，干脆将它改名为"洋炮馆"，并设置了专门的"洋炮官"负责管辖。其实李秀成的思路与主持修建"安庆军械所"的曾国藩非常一致。李秀成还在被捕后向曾国藩传达了包括购买军火、训练炮手和仿造武器在内的三个建设近代军队的重点，完全展现了李秀成的近代化思想。无奈曾国藩沉浸在活捉李秀成的喜悦之中，并未用心琢磨这些李秀成用他全部军事生涯总结出的真知灼见，辜负了李秀成的一片苦心。

武器装备是决定战争胜负的主要因素之一。太平天国积极学习海外的枪炮制作方法，积极开展对外军火贸易，大量购买、制造西方先进武器装备。这些来自西方的坚船利炮，不仅有力地推动了太平天国运动的发展，还对洋务运动的发生和近代中国军事近代化的进程起到了不可忽视的影响。

扬弃跪礼，礼让外宾

太平天国的对外交往大体上可划分为两个阶段：第一阶段是杨秀清时代。那时太平天国的外交政策也带上了些许杨秀清本人的性格特点。杨秀清其人虽然战斗力奇强，拥有极高的"战商"，但无奈情商太低，他一向自视甚高，很少将谁放在眼里。这也就致使他的外交风格与清朝基本一致，骄傲地以泱泱大国自居，称外国人为"蛮夷"。1854 年 6 月，英国领事官员麦华佗等访问天京，杨秀清将外国人的这种友好行为曲解为"千里来王"，就按照老黄历要求前来的外国使节进贡，这种莫名其妙的优越感让前来的西方人感到啼笑皆非。而北王韦昌辉更是刚愎自用，命令法国使节来朝，气得对方马上起锚走人。即便地位稍逊的秦日纲在面对外国使节时也因为利益问题无法与人顺利沟通。可以说这一时期太平天国的外交政策，大大体现了农民阶级的局限性，他们并没有真正接纳自由平等的观念，在他们的脑海深处依然有严重的封建秩序残存。

太平天国外交的第二个阶段是洪仁玕时代。洪仁玕由于从海外归来，自认为喝了点洋墨水，便对西方文明大肆宣扬。富礼赐认为洪仁玕是一个好发议论而不实行的人，也就是说话的巨人，行动的矮子。但正是这样一个行动上的矮子，提出了"凡于往来言语文字，可称照会、交好、通好、示爱等意……一切轻污之字皆不必说"的倡议，开创了中国外交史上尊重他国之先河。对于洪仁玕的这种平等精神，忠王李秀成领悟和贯彻得最好，他在与上海英美葡各国公使会面时，使用的都是"贵国""贵公使"等词，措辞落落大方，有礼有力有节。在攻打驻扎在上海的清军之前，还特意传送信函给上海城内的外国公使，并明确表示会在攻打上海时避开这些外国人的驻地。更为难得的是，李秀成身体力行地破除了跪拜礼。

从小到大，我们都受到过不少古装电视剧的洗礼。这些古装剧的一个共同之处就是臣下对君王的三跪九叩。跪礼可以说是古代中国留下的最大陋习。中国人最看重气节，这在"男儿膝下有黄金"这句古训中有了最好的体现。下跪是奴颜婢膝的表现，是对人格的贬损，散发着腐朽落后的封建等级制度的腐败气息。太平天国作为一次伟大的反帝反封建的农民运动，对跪礼这一陈规陋习自然也难容忍，而推动这一陋习废除的人，正是忠王李秀成。

1860 年苏福省建立时，忠王掌握大权身居高位，统帅四五十万军队，所管辖的地区超过英国两倍，拥有七千多万人口，而吟唎不过是来华的一名普通英国人，两人身份非常悬殊。但在这种情况下，当吟唎提出要见忠王时，李秀成就马上亲自接见了他，并让他住在自己的忠王府上，享受极高的待遇。数年之后，吟唎回想起当时的场景仍然感慨万千。就在吟唎初次拜访忠王前，李秀成正因进攻上海半途而废而感到非常愤懑，英国侵略军的流弹也擦伤了李秀成的脸颊，"有充分根据应该视英国人为死敌，可是他却以谦虚亲切的态度来接见我。……他从他的王位上站起身来，用英国礼节来跟我握手，请我坐在他的近旁"。握手是一种西方通用的礼仪，李秀成愿意在接见一名普通的英国人时使用对方通用的礼仪标准，这一举动充分表现出了李秀成的宽容大度。其实对于当时清廷甚至认为在大典上允许外使向皇上鞠躬也是有损国体颜面的事。而握手礼直至半个世纪后的辛亥革命后，才被国人普遍接受。由此可见忠王李秀成的意识之超前。

李秀成对待太平军中的洋人兄弟非常宽厚，礼贤下士，视若手足，给了他们充分的温暖和关怀。呤唎在记录忠王与他的最后一次会面时写道："我永远不能忘记当我跟他握手告别准备转身离去时，他那美丽的眼睛所流露出来的生动表情。……这种使人深记不忘的一瞥，在我们之间更增加了一层只有死才能消除的联系，仅仅这样一种联系就要使我竭尽自己的全部力量去帮助忠王。"

李秀成天性开明宽厚，能够身先士卒，礼让待人，这在太平天国诸将之间实属罕见。

思想开明，中外联姻

忠王李秀成对待外国友人宽厚友好，能够放下身段以礼待人，这已成为太平天国中一时的美谈。但礼让洋人和将自己的女儿嫁给洋人，自然不是同一个重量级的事情。而在当时其实并不比清朝开明多少的太平天国，李秀成就做了这么一件在当时看来惊世骇俗的事。呤唎在他的《太平天国亲历记》中对此事进行了详细的记载。虽然呤唎的这部作品文学意味多于考据价值，其中难免存在夸张杜撰的成分，但大抵也是人们了解太平天国的窗口，而忠王嫁女一事，虽然也可能有虚构成分，但该事件应当是确实存在的。

在呤唎随忠王出征时，他的妻子玛丽与忠王的次女金好年龄相仿，平素又经常在一起游玩，两人结成了好友，在忠王府中近乎同进同出。金好作为一名待字闺中的妙龄少女，自然会引起不少男性的注意，当时呤唎的同乡好友埃尔就拜倒在了金好的石榴裙之下。埃尔对金好这位中国美人颇有好感，于是想方设法接近她，以一种比寻常的"外国兄弟"间更亲密的态度对待她。埃尔其人也生得十分英俊，在他的攻势之下，金好对他芳心暗许。异国恋情放在现代来说，也不是人人都能接受的，更何况是在刚刚摆脱了清政府的封建统治的太平天国。两人的恋情自然是要历经坎坷。当时摆在他们眼前的头一个问题，就是埃尔的中文水平。当时埃尔的情况基本是汉字只认识五个，中国话一句也不会说。当时他与金好的交流其实非常困难，依靠的主要途径就是连比划带猜。后来埃尔也奉命随太平军前去作战，在一次大捷后，埃尔英勇负伤。他就想借用自己在战场上的英雄气魄以伤痕为勋章向金好正式求爱，但求爱只会比划显然不行。于是金好就求人教给他几句中国人用于求爱的话，然后突击练习了几日，就正式向金好表达了爱意。也就是这几句临时抱佛脚鹦鹉学舌得来的话，对他的爱情作出了很大贡献。

　　无奈好事多磨，一天清晨，金好带着自己的小弟弟在花园散步，此时恰好遇到了埃尔。于是埃尔和金好两人就寻了花园中的一个僻静角落学习外语去了，恋人的世界中自然只有彼此，金好自然也就疏忽了对自己小弟弟的关照。而金好的小弟弟正是顽皮好动的年纪，这下没了大人约束，更是自得其乐。他在花园中东奔西跑，一不小心，就坠入了一口埋在地下装满粪肥的大缸里。受到惊吓的他尖声呼救，仆人们马上围拢过来救他，把他从粪坑中捞了上来。得知此事的金好坐立难安，她一方面为没能照顾好弟弟而感到愧疚，另一方面又为她和埃尔的事情被人发现而感到担心。果然，她的母亲得知此事后大为光火，严厉斥责了金好，连带着埃尔也被忠王夫人骂作"洋鬼子"——这可是外国人从未在忠王府上受过的"礼遇"。

　　事后，埃尔觉得自己以后可能再也见不到这位美丽动人的中国女孩了。虽然他们的感情之路并不一帆风顺，刚刚开始就遭遇了不测，埃尔仍旧没有放弃，继续孜孜不倦地跟别人学习中文，只为有朝一日与金好再相见时能顺畅交流，埃尔更是下决心以中国为家，甚至做好了私奔的准备。然而他的种种猜测终究还是流产了。忠王家的女眷们严防死守，生怕这位洋人小伙再靠近金好半步。后来吟唎和埃尔要去上海采买粮食和军火，临行前埃尔让玛丽向金好转交了一封他通过查字典艰难写就的书信，信中热情地表达了他对金好的爱慕之情，无奈中文水平实在有限，金好虽然只是一知半解，但也理解了埃尔对她的心意。

埃尔随吟唎从上海归来时，还带来了一艘敌军的炮船"飞而复来号"。这也使得他们一行五六人在太平天国中一时间风头无两。金好也自然听闻了这一喜讯，就拐弯抹角地向身边人打听吟唎的近况，但府中女眷仍然对二人的恋情围追堵截。这对苦命鸳鸯一时之间也不知该如何是好。恰逢此时吟唎的妻子受到了赞王之子的骚扰，于是吟唎决定带人离开天京前往杭州，当时忠王李秀成正在杭州前线作战。埃尔和金好也想利用这个机会出走寻求李秀成的支持。吟唎听说埃尔的打算后有些顾虑，怕忠王不同意后连带着对他也不再友好，但挨不住埃尔的反复要求，于是他们一行十五人组成了"赴杭找忠王求情小分队"，开赴杭州寻找忠王。

一路舟车劳顿后，他们总算在李秀成对杭州发动总攻前到达了杭州，并参与了这次太平军对杭州城的进攻。忠王率领的太平军一路高歌猛进，顺利克复杭州城。取得可贵胜利后的忠王自然心情不错，他于是愉快地接见了这对走投无路的苦命鸳鸯。李秀成听过二人的陈情之后，并未马上给出答复，只说要先把金好送回天京，等他率军回去后再谈此事。忠王在回到天京后，发现埃尔与金好二人确实是郎情妾意，也就同意了他们的婚事。虽然忠王的夫人开始并不赞成这门婚事，她更希望金好嫁给慕王，但无奈李秀成已然点头答应，于是忠王夫人就只得把她的另一个女儿嫁给了慕王为妻。

在战火连天的太平天国，想与新婚妻子安然度过几天太平日子都是一种奢侈。1863年吟唎与埃尔奉命前去协助驻地的太平军守卫九洑洲要塞，战况紧急中他们负责掩护李秀成部队渡江，粉碎敌军水师阻挠太平军渡江的企图。随后太平军与清军水师展开了激战，九洑洲要塞失守，吟唎在这次战斗中负伤，而埃尔和吟唎的妻子玛丽都在这次战役中中弹牺牲。

在吟唎的书中，献身太平天国并娶了中国妻子的洋兄弟并非只有埃尔一人。一位名叫菲利普的外国人也如同埃尔般誓死效忠了太平天国："他对于他的妻子，他的境遇，以及太平天国的人们，十分满意，他发誓永远不愿离开他们。他实现了他的诺言，因为他已经死在太平天国的爱国志士中间了。他的亲人无从得到他的死耗，所以我在这里把他的姓名记述下来。如果他的亲人们能够读到这本书，知道他的埋骨处，知道他曾经把自己奉献给正义的伟大的宗旨，并且像一个英勇的心地高尚的人一般死去，那么他们在悲怆之中也许可以得到一些安慰罢。"这段话对于痴情于中国女子的埃尔也同样适用。

李秀成是否是历史上赞成中外联姻的第一人这点无从考证，但他为了自己女儿的幸福敢于摆脱封建桎梏，大方地接纳一位来自不同种族、不同国家、不同文化的洋女婿，这份勇气和胸怀着实令人敬佩。

后记

　　李秀成出身贫困雇农家庭，在度过了与饥寒搏斗的少年时期后，加入了拜上帝会。金田起义后，举家加入了天平军队伍。经过一次次战争的千锤百炼，终于由一名最底层的士兵成长为太平军的最高将领，更是成为名垂青史的一代名将。他一生为太平天国竭智尽忠，披肝沥胆，即使后期备受天王猜忌，仍然忍辱负重，绝无谋反之心。

　　后世对于李秀成向来褒贬不一，但人非圣贤，孰能无过。论及李秀成一生的功与过，笔者认为自然是功绩远大于过失。李秀成从青年时代起便效忠太平天国，将他一生中最美好的青春年华都献给了太平军，都献给了可能随时就会将他性命夺去的沙场。他在所经历的无数次战役中，屡建战功，运用自己卓绝的军事智慧和过人的胆识一次次击溃了强劲的对手，为太平天国政权的巩固立下了汗马功劳。他领导的军队更是被英国人称为"常胜军"，是太平天国后期太平军中最精锐的一支力量。直到曾国荃的湘军轰开了天京的城墙，这支队伍都一直是后期风雨飘摇的太平天国的支柱。试想如果军中没有李秀成这般功勋卓著的主帅，这支队伍又如何能屡次力挽狂澜，救天国于水火。

李秀成率领的这支军队面对困难从不妥协，当他们面对洋鬼子的坚船利炮时，他们奋勇杀敌，现身说法告诉侵略军中国人不是好欺负的；当他们面对滚滚长江和对面清军的一次次炮轰时，依然前赴后继。前方的兵士战死了，后面的兵士踩着他们的尸体继续往前冲，何其英勇无畏，实乃中国的脊梁；面对缺衣少粮的困境，这支太平军筚路蓝缕，以草叶树根为食艰难从事，从没有人想过放弃革命，放弃队伍。

李秀成本人也是亲民爱民的典范，他从不像其他洪秀全的亲信那样任意盘剥百姓，相反却屡屡施行休养生息的政策，减轻农民的赋税、徭役。他爱民如子，在灾荒时期更是开仓放粮，想尽一切办法赈灾。面对为害一方百姓的枪船匪帮，李秀成利用自己的聪明才智一举将他们剿灭，在他的治理下，苏浙一带呈现出了少有的繁华景象，李秀成也因此深得民心。虽然李秀成并不经常驻扎在天京，但天京城内的贫民多数也得到过李秀成的救济。百姓都知道忠王是勤政爱民的好官。就在李秀成以身犯险，携幼天王突出重围而使自己陷入孤立无援境地时，他所躲藏的方山附近的百姓都费尽心思要帮李秀成脱困，这正是百姓感念于李秀成往日的恩德的表现。

李秀成对天国，对天王一生忠心耿耿，唯洪秀全马首是瞻，无愧于"忠王"的称号，甚至在洪秀全听信奸人谗言，对他百般猜忌时，他还将自己的老母亲及家眷送到天京给天王作为人质以表忠心。只可惜天王洪秀全在自己统治的后期对李秀成从未有过信任，每天战战兢兢，如履薄冰，生怕李秀成谋他的权，篡他的位。而他在这般顾虑之下的所作所为也确实令李秀成伤透了心。即使在这种情况下，李秀成依然没有放弃他的主上，忠心耿耿，在洪秀全病重时守在他的病榻前。在天京被攻破时临难让马，不惜以自己的生命保全了洪秀全的儿子。对于帝王而言，得臣如此，夫复何求。

中国最早的洋务派实际上并不是建立安庆军械所的左宗棠、曾国藩和李鸿章，而是太平天国的李秀成和洪仁玕。李秀成在自己的军事实践中，亲身体会到了洋枪洋炮的威力，并且在战争中尝试以彼之道，还施彼身。李秀成还曾在苏州、昆山雇佣工匠修理并仿造洋人的武器和生产军火。太平天国原本设有生产火药的"硝粉营"，随着日后工作性质的变化，又改称为"洋炮馆"。而太平天国的"洋炮馆"，乃是我国近代化的真正起源。

然而必须承认的是，李秀成身上也存在着农民阶级的局限性。他有时在战斗中不顾大局，随意用兵，导致了非常严重的后果。但这些与他的赫赫战功相比，着实不足挂齿。李秀成在被捕后写给曾国藩的自述中，还分析总结了太平天国失败的原因，包括天王后期不理朝政、任人唯亲、误用奸佞等。

总之，李秀成是一个改变了历史的人物。他戎马一生，凭借一片赤胆忠心，为太平天国立下了赫赫战功。虽然轰轰烈烈的农民起义太平天国运动宣告失败，但李秀成的功勋依然彪炳千秋！

李秀成年谱

1823 年　出生

李秀成生于广西省梧州府藤县宁风乡五十七都长恭里新旺村，父亲李世高，母亲陆氏。

1830 年　8 岁

李秀成的舅父是村塾教师，把他带去读书。

1832 年　10 岁

因生活困难，李秀成辍学，回家帮父母干活。后来在舅父的帮助下，他获得了在村塾帮工的机会，在这里一边帮工、一边自学。

1844 年　22 岁

洪秀全和冯云山从广东花县进入广西宣传、组织拜上帝会，以桂平县的紫荆山为根据地，并向四周发展。

1849 年　27 岁

李秀成全家加入拜上帝会。

1851 年　29 岁

1 月 11 日，洪秀全在广西桂平县金田村宣布起义。

8 月，太平军路过李秀成的故乡藤县，李秀成加入太平军，当了一名圣兵。

1853 年　31 岁

3 月 19 日，太平军建都南京，改称天京。李秀成在春官正丞相胡以晃手下理事。

7 月，杨秀清亲自提拔李秀成为右四军帅，把守天京太平门外新营。

8 月，李秀成调任后四监军，在天京仪凤门外高桥驻守。

11 月，李秀成在随石达开赴安庆抚民期间，他"勤劳学练，生性秉直，不辞劳苦""逢轻重苦难不辞"，"修营作寨，无不尽心"。

1854 年　32 岁

春，胡以晃攻占庐州，李秀成奉命镇守庐郡"守把安民"，并提拔为二十指挥。

1854 年秋至 1855 年期间，他一直驻守安徽太平府、和州一带。

1856 年　34 岁

2 月，李秀成已升任地官副丞相，奉调随燕王秦日纲解救天京。

8 月，李秀成率兵打破清军阻击，进入镇江城。

4 月，参加一破江北大营之役。

6 月，参加一破江南大营之役。

9 月，天京事变，东王杨秀清、北王韦昌辉及燕王秦日纲被杀，翼王石达开远走。清军乘机从各个战场反攻。

冬，李秀成入守桐城，率残军六七千人把守孤城。

1857 年　35 岁

1～2 月，李秀成与来救援的陈玉成商定出奇兵制敌的计策，大破清军，并北上连克三地，与捻军张乐行、龚德树等汇合，进封合天侯。

夏，李秀成被洪秀全封为副掌率，与陈玉成同"提兵符之令"。他上书请求洪秀全择才而用，仍重用翼王石达开，遭到严斥并革除封爵，后经朝臣力谏才得以恢复官职。

1858 年　36 岁

7～8 月，李秀成在枞阳召开军事会议"各誓一心，订约会战"确定解救天京的战略，被封为后军主将。

9月26日，李秀成与陈玉成再次攻破江北大营，占领扬州。

11月，李秀成与陈玉成在三河全歼湘军李续宾部，取得三河大捷。

1859年　37岁

李秀成被洪秀全封为忠王，并得赠洪秀全手书"万古忠义"四个大字。

1860年　38岁

年初，李秀成商定以"围魏救赵"方略解救天京之围。

2月，李秀成在芜湖召集诸将，誓师进军。

5月6日，再次攻破江南大营。

5~6月，李秀成乘胜率部东征苏州、常州，开疆拓土，建立苏福省，为太平天国开辟了新的重要基地。

7~8月，第一次进军上海。

10月，自天京出发，参加第二次西征。

1861年　39岁

6~7月，李秀成率部进抵湖北南部武昌外围，因江北陈玉成部回救安庆，遂放弃"合取湖北"计划，取道原路东返。

8月5日，安庆失守。

9~12 月，进军浙江，并于 12 月 29 日再克杭州。

1862 年　40 岁

1 月，李秀成率大军自杭州出发，开始第二次进攻上海。

6 月，湘军进扎天京雨花台外，天王洪秀全一日下三道诏旨，命令李秀成立刻撤兵回救天京。李秀成从松江撤兵回苏州商讨对策。

10 月，李秀成率"十三王"之兵回救天京，与湘军苦战 45 日，未能取胜而退。

1863 年　41 岁

2~5 月，李秀成率部实行"进北攻南"计划，至安徽六安折返。

6 月，自江北南渡时，遭湘军水陆师合击，太平军被击毙饿死者不计其数。

9~12 月，组织指挥苏州保卫战。

12 月 4 日，苏州失守，返回天京。形势危急，李秀成向洪秀全提出"让城别走"建议，没被采纳。

1864 年　42 岁

3 月 2 日，湘军合围天京，李秀成负责全城防守事宜。

6 月 1 日，洪秀全病逝。

6 月 6 日，幼主洪天贵福即位。

7月19日，天京沦陷，李秀成在晚间陪同幼天王突围时失散。

7月22日，李秀成在方山被俘，第二天被解送至曾国荃的军营。

7月28日，曾国藩从安庆赶到并首次提讯李秀成。

7月30日，被囚入木笼，连日赶写《自述》。

8月7日，李秀成在南京就义。